www.tredition.de

AF185204

# Wolfgang Gans
# Edler Herr zu Putlitz

Ein preußischer Adliger wird Sozialist

Impressum

© 2019 Inge Hammerström

Umschlaggestaltung: Georg Rieger

Verlag & Druck: tredition GmbH, Halenreie 40-44, 22359 Hamburg

ISBN
Paperback    978-3-7482-8014-9
Hardcover    978-3-7482-8015-6
E-Book       978-3-7497-3349-1

# Inhalt

# Einleitung

Dieses Buch „Ein preußischer Adliger wird Sozialist" ist ein Beitrag zur deutschen Zeitgeschichte. Es besteht aus zwei Teilen. Der erste Teil ergänzt und vertieft das von Wolfgang Gans Edler Herr zu Putlitz autobiografisch geschriebene Buch „Unterwegs nach Deutschland".

Zu Putlitz hat es geschrieben, nachdem er im Jahre 1952 in die Deutsche Demokratische Republik übergesiedelt war. In diesem Teil Deutschlands war er geboren. Die erste Auflage erschien im Jahre 1956 im Verlag der Nation. Insgesamt waren es 18 Auflagen, die bis zum Jahre 1976 in diesem Verlag erschienen. Das Buch war damals ein Bestseller. Es wurde in den sozialistischen Ländern, ebenfalls in Holland, Japan und England veröffentlicht.[1] In London erschien die englische Ausgabe 1957 unter dem Titel „The Putlitz Dossier".

Der Direktor des Verlages für fremdsprachige Literatur in Moskau, Tschuwikow, teilte in einem Brief vom Juni 1957 dem Leiter der Personalabteilung im Außenministerium der UdSSR mit, dass das Buch „Unterwegs nach Deutschland" in dem Verlag in russischer Übersetzung erschienen ist, und dass sich Putlitz mit anderen Touristen zur Zeit in Moskau aufhalte. Bei dieser Reise war Putlitz von der Armut der Menschen ungeheuer enttäuscht. Einige hatten mit Stroh umwickelte Schuhe an.[2]

Der zweite Teil dieses Buches beschreibt das Leben und Wirken des Wolfgang zu Putlitz in der DDR.

Dieser Teil seiner Biografie ist bisher noch nicht erfasst. Als Engländer war er vorher bereits in den östlichen Teil von Berlin gereist. Er hatte mit Leuten gesprochen und kaufte sich neue, dort erscheinende Literatur und kam zu diesem Urteil: „Es war in der Tat eine klarere und ehrlichere Welt. Sie war mir fremd, aber sie war zweifellos gesünder, als die in allen Fugen krachende, morsche des Westens."[3]

Blieb Wolfgang zu Putlitz bei diesem Urteil? Darüber erfahren Sie, lieber Leser, im zweiten Teil dieses Buches. Es gibt viele Interessierte, die diese unbekannte Biographie kennen möchten. Junge Menschen in der „Putlitzer Gegend" sprachen mich an und äußerten den Wunsch, bald etwas über Wolfgang zu Putlitz zu erfahren. Ich möchte diesen Wunsch erfüllen. In der DDR machte Wolfgang die Bekanntschaft mit einem netten jungen Mann; er wurde sein Partner. Er gab mir als Zeitzeuge viele Informationen für dieses Buch.


Inge Hammerström


Januar 2019

Wolfgang Gans Edler Herr zu Putlitz

# Erster Teil

## Die Familie Gans Edle Herren zu Putlitz

Wolfgang Gans Edler Herr zu Putlitz war der Nachfahre eines uralten brandenburgischen Adelsgeschlechtes.

Der erste Stammvater des Geschlechts [4], der sich im Jahre 1128 in Putlitz niederließ, war ein Graf Mansfeld. Ein etwa drei Kilometer von Putlitz entferntes Kirchdorf hat den Namen Mansfeld. Der Familienname Mansfeld wurde abgelegt, als die Familie aus der mitteldeutschen Heimat ausgewandert und in die Mark Brandenburg gekommen war. Ihr altes Mansfelder Wappenschild, das eine Gans im Schilde trug, wurde aber weiterhin von der Familie zu Putlitz geführt. Das über dem Portal des Gutshauses aus dem 13. Jahrhundert stammende Familienwappen wurde zusammen mit dem Familienwappen der Lobenstein geführt. Im Jahre 1945 sind beide Wappen entfernt worden. Das wäre fast auch mit dem Familienwappen in der Vorhalle des Gutshauses geschehen. Dort befindet sich, in dem Terrazzofußboden eingearbeitet, eine flugbereite Gans. Dieses Symbol der alten Adelsfamilie zu erhalten war nicht nach der Gesinnung der Genossen des Arbeiter- und Bauernstaates DDR. Aber in einer Versammlung kam ein Bürger von Laaske auf den Gedanken, dass es sich nicht um eine aufschwingende Gans, sondern um die Friedenstaube handeln könne. Dieses Symbol des Friedens müsse erhalten bleiben! Man gab ihm Recht. In jahrhundertealten Chroniken wurden die „Gänse" als Herren zu Putlitz genannt.[5] Die Verwendung von Familiennamen setzte im 12. Jahrhundert ein; obwohl vorher, in germanischer Zeit, sich die Nutzung von Familiennamen allgemein nur auf die soziale Oberschicht begrenzte. Wolfgang Gans zu Putlitz schrieb, dass er wegen seines komischen Namens viel geneckt wurde.[6] So hieß es in der Schule die „dumme Gans", die „Schnattergans", die „Fettgans". Egal, wie es auch war. Wolfgang hat sich gerne von seiner befreundeten Familie Haseloff in Groß Kreutz zum Gänsebraten-Essen einladen lassen.

Wolfgang Gans Edler Herr zu Putlitz lebte von Geburt an bis zur Enteignung seines Gutes durch die Nazis in Laaske/Prignitz. Die erste Erwähnung des Ortes erfolgte schon 1490. Archäologische Fundstellen in und um Laaske belegen eine Besiedlung in der Bronzezeit und im Mittelalter. Als Friedrich II. den Befehl zum Aufbau der Wüsteneien Preußens erließ, entstand auch Laaske neu. Im 19. Jahrhundert wurde Laaske zum Stammsitz der Familie zu Putlitz.[7] Das erste Gutshaus war ein Fachwerkbau. Anfang der 1880er Jahre wurde er durch einen massiven zweigeschossigen Anbau erweitert. Im Jahre 1906/1907 wurde der Fachwerkteil des Herrenhauses abgerissen und durch einen massiven neobarocken Neubau, der mit dem Flügel von 1880 verbunden wurde zu einer Zweiflügelanlage erweitert. So steht das Haus heute. Im Laufe des 19. und zu Beginn des 20. Jahrhunderts wurden viele neue, massive Wirtschaftsbauten für die Gutsarbeiter errichtet. Gutshaus und Park wurden am 1. Juli 1982 zu DDR-Zeiten unter Denkmalschutz gestellt. Das Gutshaus ist in eine reizvolle Landschaft eingebettet. Im Park sind seltene Gehölze - ein Teich und ein Landschaftspark schließen sich an. Im Landschaftspark befindet sich der Friedhof der Familie zu Putlitz. Alle Anlagen sind in recht gutem Zustand erhalten, auch die Grabstellen. Sie wurden nach der politischen Wende in Deutschland von „ABM-Kräften" erneuert und der Neffe von Wolfgang zu Putlitz, Gebhard Gans Edler Herr zu Putlitz aus Ahrensburg betreut heute die Grabstellen.

**Wolfgangs Kindheit, seine Jugend und das Gutshaus in Laaske**

Wolfgang Gans Edler Herr zu Putlitz wurde im Jahre 1899 in Laaske, einem Ortsteil von Putlitz geboren.

Er war das erste Kind des Ehepaares Walter zu Putlitz und Haidi, Freiin Hofer zu Lobenstein. Seine Geschwister waren Gebhard, Walter und Armgard. Gebhard war Wolfgangs Lieblingsbruder. Der Putlitzer Besitz bestand, als Wolfgang geboren wurde, aus drei Gütern; aus Laaske, dem Stammsitz, der Wolfgang gehörte. Putlitz gehörte dem Bruder Gebhard und Groß-Langerwisch dem Bruder Walter. Wolfgang beschreibt das Laasker Gutshaus aus seiner Kindheitserinnerung: Er sagte, dass er gar nicht sagen könne, wie viele Zimmer an den verstreuten Korridoren des großen Gutshauses lagen. Außer uns, wohnten darin noch die Gutssekretärin, ein Inspektor, der Hauslehrer und die Mademoiselle und meist im Erdgeschoss die Diener und das Hauspersonal. Über die ganzen oberen Etagen und die Gesellschaftsräume verfügte meine Familie. Beim Essen, erzählt Wolfgang, ging es dann so zu: „Es durfte nie gemäkelt werden. Was auf dem Teller lag, musste aufgegessen werden; ob es schmeckte oder nicht. Qualvoll war der Zwang, wenn es „Schwarzsauer" gab, ein märkisches Spezialgericht, zusammengekocht aus Gänsepfoten, Hälsen und Schnäbeln in geronnenem Blut. Es war eine von Vaters Lieblingsspeisen."[8]

Wolfgangs Vater war mit Leib und Seele Landwirt. Über seinen Vater sagte Wolfgang, dass ihm der Gelderwerb nicht alleiniger Zweck war; die Liebe zu Laaske hat meinen Vater zum Landwirt gemacht. Er hat das Dorf ständig verschönert. Die Landarbeiter lebten in sauberen Häusern. Von seinem Vater meinte Wolfgang: „Wenn er überhaupt einen Ehrgeiz hatte, so war es der, dass es in der ganzen Gegend heißen sollte: Ja, wenn es überall so herginge wie beim Laasker Baron, dann würde es in ganz Preußen niemals eine Sozialdemokratie geben."[9] Das Laasker Gut war dafür bekannt, dass überall Ordnung und Sauberkeit herrschte. Darüber berichteten in den 1990er Jahren mit Achtung ehemalige Gutsarbeiter. Während des zweiten Weltkrieges wurden im Gutshaus Insassen eines Hamburger Altenheimes und Flüchtlinge untergebracht. Wolfgangs Mutter konnte bis 1947 im Schloss wohnen. Sie war dann als ehemalige Besitzerin aus Laaske ausgewiesen worden und lebte bei ihrem Sohn Walter in Schleswig-Holstein.[10] Als im Mai 1945 die Soldaten der Roten Armee ins Dorf kamen, diente das Schloss als Kommandantur; auch eine Fliegerabteilung war eingezogen. Nach der Enteignung der Familie Putlitz und dem Abzug der Soldaten war vorübergehend ein Altersheim eingerichtet worden. Dann lebten darin Sudetendeutsche. In der Folgezeit war es ein Seuchenkrankenhaus, 1949 eine Kinderklinik, von 1960 bis 1990 ein Feierabendheim. Es wurde von der St. Elisabeth-Stiftung, einer Einrichtung der Inneren Mission für die Altenpflege genutzt. Im Zuge der Bodenreform 1945 erhielten Landarbeiter und nach Laaske gekommene Flüchtlinge eigenes Land. Die fast 700 ha Ackerland der Gemarkung Laaske wurden auf dreiundsechzig Siedlungsstellen aufgeteilt. Im Herbst 1952 wurde die Landwirtschaftliche Produktionsgenossenschaft (LPG) Typ III gegründet. Das Büro der LPG befand sich im Gutshaus. In den ersten Jahren des gemeinsamen Bewirtschaftens ging es auf und ab, dann zog Stabilität ein, heißt es im Amtsblatt.

Nach der politischen Wende 1990 wurden Teilbereiche des Betriebes von der Treuhand versteigert, so auch die Brennerei. Der Landrat des Kreises Prignitz hat ungeachtet dessen im Jahre 2002 noch einige der erhaltenen Wohn- und Wirtschaftsgebäude des Gutsgeländes wegen ihrer architektonischen und geschichtlichen Bedeutung unter Denkmalschutz gestellt. Nach längerem Leerstand konnten Gutshaus und Park im Jahre 2004 einem Hamburger Unternehmer verkauft werden

## Die Ritterakademie in Brandenburg

Bis zum elften Lebensjahr wurde Wolfgang durch seine Kinderfrau zu Hause ausgebildet. Bei ihr lernte er auch Französisch.

Im brandenburgischen Land war es üblich, dass die jungen Adligen auf die Ritterakademie in Brandenburg gehen. Die Ritterakademie wurde am 4. August 1704 mit Genehmigung Friedrich I., König von Preußen gegründet. Der Gründung war die Feststellung des märkischen Adels vorausgegangen, dass die eigene Jugend einer Institution bedürfe, die sie auf die vom Staat gestellten Aufgaben in dessen Diensten vorbereiten solle.[11] Sie wurde vom ersten preußischen König mit Wohlwollen begleitet. Im Jahre 1705 begann der Unterricht. Für die Bildungspolitik galten diese Leitlinien: Bildung entscheidet über die Berufs- und Lebenschancen junger Menschen und beeinflusst maßgeblich die Wirtschaftsindikatoren des Landes, wie Innovationskraft, Wettbewerbsfähigkeit und Produktivität.

Albrecht von dem Busche hat in seinem Buch „Die Ritterakademie in Brandenburg" Erziehungsgrundlagen von mehreren Autoren formuliert und zusammengestellt; z. B. forderte der Pädagoge A. H. Niemeyer: „Für die Erziehung sind Vorbild, Ermahnung und Strafen notwendig. Strafen sind letztlich dazu da, die Grenzen und Verhaltensregeln durchzusetzen, denen der Zögling zur Selbstführung seines Lebens bedarf." Gegenüber E. H. Francke äußerte der König Friedrich Wilhelm I.: „Ein Zögling muss immer beschäftigt und beaufsichtigt werden, weil der menschliche Wille ohnehin zur Schlaffheit und allem Bösen geneigt ist."

- Friedrich Wilhelm, ich protestiere!

Der Mensch neigt zur Schlaffheit und allem Bösen? Solche Verallgemeinerungen darf man nicht zulassen. Wie viele zielstrebige Menschen, besonders auch sehr junge Menschen gibt es!

Im Jahre 1806 meinte J. M. Sailer: „Langeweile ist der schlimmste Anlass für eine Vernachlässigung der geistigen und körperlichen Kräfte des Heranwachsenden."

Wir wissen nun, in welchem Sinne Wolfgang Gans erzogen wurde. Uns sind keine Klagen seiner Lehrer über das Verhalten von Wolfgang bekannt.

Wolfgang Gans zu Putlitz wurde im Alter von zwölf Jahren in die Ritterakademie eingeschult. Seine Schulzeit musste um ein Jahr verkürzt werden, weil der erste Weltkrieg tobte. Im Jahre 1916 machte er nach fünfjähriger Ausbildung das

Notabitur. Zur Reifeprüfung im Juni 1916 wurden seine Leistungen im Durchschnitt aller Unterrichtsfächer mit „gut" bewertet. Pflichtgemäß mussten die adligen jungen Männer in den Krieg ziehen. Im Juni schrieb er aus seiner Heimatstadt Laaske an seinen Herrn Professor in der Ritterakademie:

„Hoch verehrter Herr Professor!

Mittwoch trete ich nun in Potsdam ein. Wäre Herr Professor bitte so freundlich, mir das Zeugnis dorthin zu senden. Als Adresse genügt Fahnenjunker, Garde Ulanen Rgt. Ich bitte um Empfehlungen an die anderen Herren und bleibe mit größter Hochachtung

Ihr dankbarer Wolfgang zu Putlitz

# Wolfgang zu Putlitz als Fahnenjunker im ersten Weltkrieg

Wolfgang wurde im 3. Garde-Ulanen- Regiment in Potsdam Fahnenjunker. Seine Kaserne war in der Jägerallee. Dort steht sie noch heute. Er kam mit seinem Regiment an die Ostfront und gegen Ende des Krieges nach Finnland. Auf Befehl Ludendorffs sollte die Potsdamer Garnison Finnland von den „Bolschewiken" befreien und für die abendländische Kultur retten. Als siebzehnjähriger Gardeleutnant genoss Wolfgang einige Privilegien. Er durfte im Offizierskasino speisen, während die gewöhnlichen Soldaten das Feldküchenessen bekamen. Später sagte er einmal, dass ihn damals jedes Mal Gewissensbisse plagten, wenn er im Schützengraben die Inschrift fand: „Gleiche Löhnung, gleiches Essen und der Krieg wär' schnell vergessen." Die russischen Soldaten waren kriegsmüde. Sie wollten nicht mehr kämpfen. Die Oktoberrevolution sollte erfolgreich beendet werden. Es liefen lange komplizierte Waffenstillstandsverhandlungen zwischen Deutschland und Russland, die schließlich erfolgreich endeten. Seit November 1917 liefen in Brest-Litowsk Verhandlungen, die hoffen ließen, dass im Osten der Krieg bald zu Ende war. An der Westfront wurde grausam weitergekämpft und Deutschland wurde vernichtend geschlagen. Zehn Millionen Tote, 20 Millionen Verwundete und Verkrüppelte hatte der Krieg gekostet, bis am 11.November 1918 der Waffenstillstand geschlossen wurde.

Im Dezember kam das Potsdamer Garde-Ulanen-Regiment zurück in die Heimat[12]. Es war militärisch in Ordnung und durfte auf dem Potsdamer Paradeplatz vor dem Stadtschloss noch einmal unter dem ehemaligen Kommandeur, General von Tschirschky, einen Parademarsch hinlegen. Plötzlich, alle waren mit den Vorbereitungen zur Entlassung beschäftigt, brüllte jemand „Alarm, antreten!" Mit dem Zug ging es zurück nach Berlin zum Potsdamer Bahnhof, dann weiter zum Reichskanzlerpalais in der Wilhelmstraße. Dort sprach der Volksbeauftragte und zukünftige Reichspräsident Friedrich Ebert. Er lobte die Garde, die stets in vorderster Front gestanden hatte, wenn das Vaterland rief. Auch an diesem kritischen Tage appellierte er an ihren Patriotismus und ihre Tapferkeit, an der Zukunft des Landes in Frieden, Freiheit und Gerechtigkeit mitzuschmieden. Als Hindernis dafür nannte er gewissenlose Rowdys, die im Trüben fischen und das Chaos verewigen wollen, um ihre eigene zügellose Gewaltherrschaft aufzurichten. Diese meuternden Banden sollen zerschlagen werden.

Wer waren diese meuternden Banden?

In Deutschland war die Novemberrevolution ausgebrochen. Auslöser war der Kieler Matrosenaufstand, der sich gegen das Auslaufen der deutschen Hochseeflotte gegen die britische Royal Navy trotz der feststehenden Kriegsniederlage Deutschlands richtete. In Berlin hatten sich die Spartakusmatrosen im kaiserlichen Schloss und Marstall verschanzt. Die Potsdamer Ulanen, schwer bewaffnet, befanden sich im Universitätsgebäude. Am nächsten Morgen gingen sie in Stellung. Es kam zum Schusswechsel mit den Matrosen, und die Ulanen, mit ihnen Wolfgang zu Putlitz, drangen siegreich ins Schloss. Die Matrosen gaben ihre Waffen ab. Sieger und Besiegte befanden sich im Schloss.

Wolfgang zu Putlitz erzählt uns eine kleine Anekdote über sein Erlebnis mit den Spartakusmatrosen:[13] Ulanen und Matrosen hatten an diesem Morgen noch nichts gegessen. Sie hatten einen Bärenhunger. Die Matrosen erzählten uns, dass sie in einigen Sälen des Schlosses große Vorräte von Keks und Schokolade gefunden hätten, die wohl von der Kaiserin dort gesammelt waren. Gemeinsam zogen wir, die eben noch aufeinander geschossen hatten, über die kaiserlichen Leckereien her und waren bald bei den friedlichsten und anregendsten Gesprächen angelangt. Mitten in diese Verbrüderungsszenen platzte auf einmal der Befehl: „In Feuerstellung an die Fenster!" Da sah man, wie sich eine unendliche Menschenmenge durch den Lustgarten in Richtung Schloss wälzte. Tausende Berliner waren auf den Beinen. Sie hatten die Postenketten der Garde überrollt, die mit Schimpfworten, wie „Bluthunde, Henkersknechte" angeschrien wurden. Unter den Berlinern hatten auch die Ulanen viele Freunde und Bekannte, auf die man nicht schoss. Sie drangen ins Schloss ein, und die ehemaligen Sieger wurden die Besiegten, die entwaffnet wurden. Von den aufgebrachten Matrosen wurden sie beschimpft und attackiert.

Hilflos stand Wolfgang in seiner Uniform mit den silbernen Achselstücken vor einem Mann mit Matrosenmütze und Husarenhose, der ihn anschrie. Er hatte furchtbare Angst und erschrak, als jemand unvermutet eine Hand auf seine Schulter legte. Es war der Matrose, mit dem er vorher die kaiserliche Schokolade gegessen und gewitzelt hatte. Der Matrose holte zum Schutz seines etwa gleichaltrigen Schützlings, der wie er sagte, doch gerade aus dem Krieg zurückgekommen war, „nich uffjeklärt", nur dumm gemacht wurde, einige Kameraden zu Hilfe.

Sie brachten Wolfgang und noch einige Ulanen zur Bahn, die in Richtung Potsdam fuhr. Unterwegs bemühte sich der neue Freund, Wolfgang und seine Ulanen-Kumpel etwas aufzuklären, die damals nicht viel verstanden. „Aber, sagte Wolfgang zu sich, in meinem Kopf sieht es doch etwas anders aus als vorher." In diesem Moment schwor er sich: „Kein Tschirschky und kein Ebert sollten mich je wieder zu derartigen Straßenkämpfen gegen das eigene Volk missbrauchen." Dieses Erlebnis hat Wolfgang sein Leben lang bewahrt, vom Kommunistenhass erfasst zu werden. Ging er von dieser Zeit an auf „roten Wegen?"[14]

Die Potsdamer Offiziere waren am gleichen Abend in ihren Kasernen heil angekommen. Einige von ihnen begannen entsetzliche Greuelgeschichten zu erzählen, die in anderen Truppenteilen vorgekommen sein sollen. Diese Geschichten wurden geglaubt und man schwor, sich zu rächen. So erzählte man z. B., dass Offiziere mit abgehackten Fingern in die Spree geworfen, von der Menge zertrampelt oder auf andere bestialische Weise umgebracht wurden. Wolfgang, der Jüngste in seiner Division, erlaubte es sich, Zweifel darüber zu äußern. Deswegen bekam er den Spitznamen „rotes Puttchen", den er nicht mehr loswurde.

## Zurück zur Familie nach Laaske, Berufsausbildung

Von Potsdam fuhr Wolfgang nach Hause. Ein neuer Lebensabschnitt begann: Die Berufsausbildung und der Eintritt in den Beruf.

Wolfgang war der Älteste seiner zwei Brüder und sollte als zukünftiger Gutsherr den Stammsitz der Familie, das Gut in

Laaske übernehmen, der Bruder Gebhard das Gut Burghof in Putlitz und Walter, der jüngste Bruder, das Gut Groß Langerwisch. Schon als Kind behagte Wolfgang der Gedanke nicht, einmal Landwirt zu werden. Mit seinem geheimen Bundesgenossen, dem Bruder Gebhard, konnte Wolfgang über seine beruflichen Probleme und nicht nur darüber sprechen. Er war sein bester Freund, auch wenn sie in ihrer Veranlagung unterschiedlich waren. Gebhard war ein praktischer Mensch, der, wie man sagte, über viel Bauernschläue verfügt. Dagegen bewunderte er seinen Bruder Wolfgang wegen seiner Gelehrsamkeit. War es nur berufliches Desinteresse, das Wolfgang abhielt, Landwirt zu werden? „Mein Bruder Gebhard fühlte", schreibt Wolfgang in seinem Buch Unterwegs nach Deutschland, „dass bei meiner Natur solche Konflikte unvermeidlich sind."

Sie, lieber Leser werden, wenn Ihnen die weitere Biographie des Wolfgang zu Putlitz bekannt ist verstehen, warum er in einem kleinen Gutshof nicht Gutsbesitzer sein konnte. Wolfgang wollte, wie er es später öfter sagte, eine Aufgabe haben, in der er für seinen Staat nützlich sein konnte.

Mit seinem Vater, der ein sehr guter Landwirt, sagt Wolfgang, aber auch „ein kleiner Despot" war, kamen er und sein Bruder Gebhard auf die berufliche Entwicklung der beiden Jungen zu sprechen. Beide Jungen sollten als Eleven auf gut arbeitende Güter gehen. Der Einspruch von Wolfgang, dass er gerne manches andere studieren wolle, wurde vom Vater auf spätere Zeit verschoben. Wolfgang wurde auf das erfolgreich arbeitende Gut Wesendahl vermittelt. Er stellte fest, dass in diesem Gut die Arbeiter bis aufs Letzte ausgepresst wurden. Der Gutsherr hatte keine Beziehungen zu den Dorfbewohnern; die Wirtschaftsweise war allerdings rationeller als auf dem Gut Laaske.

Unter den Wesendahler Verhältnissen wollte Wolfgang nicht leben. Seine Unlust Gutsbesitzer zu werden, hat sich nur verstärkt. Er tröstete sich, dass er zwei Brüder hatte, um die Ehre der Familie zu retten. Dem Bruder Gebhard wollte er gerne das Recht der Erstgeburt abtreten. Von Wesendahl fuhr er öfter nach Berlin, verkehrte dort mit jungen Adligen, Filmschauspielerinnen und bekannten Fahnenjunkern. Doch die Berliner Bekanntschaften langweilten ihn mit der Zeit und er durfte sich dann doch mit Vaters Erlaubnis im Sommer 1919 an der Universität in Berlin immatrikulieren.

Wolfgang war kulturell sehr interessiert und bemüht, sich eine umfassende Bildung anzuschaffen. Bei den Putlitzer Verwandten gab es schon immer beruflich und kulturell sehr unterschiedlich Interessierte. Die einen waren nur Landwirte, wie sein Vater und Großvater; die anderen haben sich um die Landwirtschaft wenig gekümmert. Es gab z.B. kurfürstliche Räte, Gerichtsräte, Schriftsteller, Schauspielerinnen, Theaterintendanten, Ärzte und Architekten, Vorstands- und Ehrenämter. Wolfgangs Mutter war eine gute Pianistin. Sie hat eine wunderbare musikalische Entdeckung gemacht; und nicht nur das. In der heimatlichen Kreisstadt Perleberg war Lotte Lehmann zu Hause. Ihre Familienverhältnisse waren schwierig. Mancher Bewohner dieses Kreises erkannte die musikalische Begabung dieses Mädchens. Sie hat im Laasker Gutshaus mit Klavierbegleitung von Wolfgangs Mutter gesungen.[15] In einem Urlaub auf Sylt traf sich Wolfgangs Familie mit Lotte Lehmann, die mit einer Freundin auf Sylt Urlaub machte. Wolfgang, als kleiner etwa dreizehnjähriger Junge buddelte mit seinem Bruder an einer Burg am Strand. Nebenan die Burg gehörte der Familie des damals schon weltbekannten Komponisten Richard Strauß. Mit Franzl, dem Sohn von Richard Strauß, spielten die beiden Jungen im Sand. Wolfgangs Mutter hatte den Wunsch, dass Lotte Lehmann Richard Strauß einmal, vielleicht im Kurhaus, vorsingen durfte. Meister Strauß war einverstanden. Er lobte Lotte, war aber nicht besonders beeindruckt. Weniger als zehn Jahre später hat er Himmel und Hölle in Bewegung gesetzt, um sie für die Wiener Oper zu gewinnen. Darauf war Wolfgangs Mutter sehr stolz. Sie hatte das große Talent der Lotte Lehmann eher erkannt als der große Komponist. Richard Strauß und Erich Wolfgang Korngold schrieben in ihren Opern Hauptrollen für Lotte Lehmann. Die Karriere von Lotte Lehmann begann im Jahre 1910 an der Hamburger Staatsoper, an der Otto Klemperer sie in größeren Partien einsetzte. In Perleberg besteht jetzt noch die Lotte Lehmann-Akademie, in der angehende Opernsänger/innen intensiv und konkret auf die anspruchsvollen Arbeitsbedingungen an europäischen Opernhäusern und insbesondere auf den deutschen Opernbetrieb vorbereitet werden. An mehreren Orten in der Prignitz finden im August und September Konzerte mit Schülern der Akademie statt. Wer weiß, ob die Entdeckung dieser berühmten Sängerin ohne die Hilfe von Wolfgangs Mutter erfolgt wäre? Auch Wolfgang, der Spielkamerad von Franzl, war stolz. Später haben sich die Wege von Wolfgang und Lotte in verschiedenen Großstädten öfter gekreuzt.

Wolfgangs Desinteresse an dem landwirtschaftlichen Beruf wurde immer stärker. Durch einen Onkel, der nicht Landwirt geworden war und als größtes Genie der Familie gehalten wurde, machte er die Bekanntschaft mit dem verwandtschaftlich weit entfernten Ehepaar Raumer. Raumers zeigten viel

Verständnis für Wolfgang, sich aus der Enge des praktizierenden Landwirts zu lösen. Mit dessen Hilfe wurde Wolfgang im Jahre 1921 in die „Aktiengesellschaft Hugo Stinnes für Seeschifffahrt und Überseehandel" in Hamburg als Volontär vermittelt. Dadurch stand er finanziell auf eigenen Füßen und war vom Vater als Geldgeber unabhängig. Der Vater meinte, dass das Erlernen der Kaufmannsgeschäfte nützlich wäre, auch wenn er eines Tages reumütig zurückkehren würde. Hier bedrückte ihn keine muffige Enge, wie er sie in Militär- und Adelscliquen erlebt hatte.[16] Er lernte großbürgerliche reiche Familien kennen, die kulturvoll lebten. Abends, nach Feierabend, ging Wolfgang mehrere Stunden auf die Universität, hörte Volkswirtschaft, Völkerrecht, Staatsrecht, auch philosophische und historische Vorlesungen. Bei Stinnes erlebte er, wie die Firma gegen die deutsche Mark spekulierte und mit der Notlage des deutschen Volkes Geschäfte gemacht wurden.

Um sich zu finanzieren, erlernte er Tricks, spekulierte mit Provisionen und meinte, auch schon ein kleines Mistvieh geworden zu sein.

Seine Schlussfolgerung war: Heraus aus dem Stinnes-Konzern![17]

Er wollte etwas suchen, wo er kein Schmarotzer wäre und etwas Nützliches für das gesamte deutsche Volk tun könnte. Dafür gab er die Stellung bei Stinnes auf, machte seine Examen an der Universität in Hamburg und promovierte im Jahre 1924 zum Dr. rer. pol. Seine Dissertation beinhaltete ein Thema zur Inflation.

# Wolfgangs Bewerbung beim Auswärtigen Amt in Berlin

Sein Ziel war es, in den diplomatischen Dienst zu gehen. Beim Auswärtigen Amt reichte er seine Bewerbungsschreiben ein.[18]

Für die Einstellung im diplomatischen Dienst, benötigte er zwei Fremdsprachen. Die französische Sprache hatte er als Kind bei seiner Schweizer Gouvernante gelernt. Nun musste er die englische Sprache lernen. Mit einem Empfehlungsschreiben seines Freundes Raumer bewarb er sich beim Vertreter des Wolfschen Telegrafenbüros, Herrn von Ustinov, der in den folgenden Jahren für Wolfgang zu Putlitz eine enorm wichtige Rolle spielt. Ustinov, in Deutschland geboren, war Offizier im ersten Weltkrieg. Er war der Sohn russischer Eltern. Seine Frau, die Tochter eines bekannten Petersburger Malers, war ebenfalls Russin.

Von seinen Freunden erhielt Wolfgang den Ratschlag, an die Universitätsstadt Oxford zu gehen, um dort gleichaltrige Engländer kennen zu lernen. Das Verhältnis zu den englischen Studenten war, begründet durch seine geringen Sprachkenntnisse, distanziert. Er lernte den jungen Franzosen Michel kennen, der dort studierte und später, im Jahre 1955 französischer Gesandter in Südamerika wurde. Sie wurden beste Freunde und Wolfgang empfand diese Zeit als sehr paradiesisch. Er musste feststellen, dass die Engländer einen weiteren Horizont und eine viel höhere Allgemeinbildung hatten. „Ihre Umgangsformen waren wesentlich toleranter, großzügiger, kultivierter und angenehmer als unsere.[19] Dafür mangelten ihnen das spezialisierte gründliche Fachwissen und der konzentrierte Fleiß."

27

Im Oktober 1924 kam Wolfgang völlig ausgebrannt nach Berlin zurück. Um nicht von seinem Vater finanziell abhängig zu sein, stellte Raumer ihn bei sich ein.

Wolfgangs Vater hoffte immer noch, dass er eines Tages zu der Erkenntnis kommen würde: Bleibe im Lande und nähre dich redlich. Aber er begriff auch, dass er der alten feudalen und patriarchalischen Vorstellungswelt für immer entwachsen war. Der Bruder Gebhard war so weit, dass der Vater ihn auf das andere, in Putlitz gelegene Gut, Putlitz Burghof, als Inspektor setzen konnte.

Inzwischen war die Inflation beendet. Das „Weimarer Berlin" hatte sich erholt.[20] Nach dem Tode Eberts stimmte Wolfgang bei der nächsten Präsidentenwahl bewusst gegen Hindenburg. Er begeisterte sich für die PAN-Europa-Bewegung. Gustav Stresemann, der Außenminister in der Weimarer Republik, setzte sich für eine Verständigung mit Frankreich ein und verkündete eine friedliche Vereinigung des alten Europas. Diese Politik wollte Wolfgang mit seiner Arbeit im Auswärtigen Amt unterstützen. Im Mai bestand er die Sprachprüfungen und wurde als Attaché am 1. Juli 1925 einberufen und kam nach Polen. Bei seiner Einstellung durchschaute er nicht die Zweischneidigkeit der Politik Stresemanns. In Polen hatte er für die Festlegungen des Versailler Vertrages zu sorgen. Deutsche, in den nun polnischen Gebieten, die nicht die polnische Staatsangehörigkeit annehmen wollten, waren auszusiedeln.

Nach der Tätigkeit in Polen fanden im Auswärtigen Amt Lehrgänge statt. „Uns, aus der Ära Stresemann," sagte zu Putlitz „wurden nicht, wie später in der Nazizeit, Raubtiergedanken eingeimpft. Im Gegenteil! Bei aller Verschwommenheit des Europagedankens, konnten wir uns mit echtem und edlem Schwung an ihn gewöhnen. Für mich hatte die Idee der Vereinigten Staaten von Europa mit einem blühenden Deutschland als seinem Herzstück keinen militaristischen oder eroberungssüchtigen Charakter. Heute aber weiß ich, dass hinter Stresemanns Europakonzeption die Herren der deutschen Schwerindustrie und Bankwelt standen, die ihn lediglich für die Ausdehnung ihres Machtbereiches benutzen wollten."

Zu Putlitz gehörte zu den Drei, die im Juni 1927 als Beste ihr Diplomexamen bestanden hatten. Er wurde darauf an die deutsche Botschaft in Washington beordert.

## Wolfgang an der deutschen Botschaft in Washington

Die Überfahrt von Hamburg nach New York hatte zehn Tage gedauert. Er empfand New York als Ameisenhaufen mit kalter unpersönlicher Atmosphäre. Der Mensch galt hier nichts; nur, wenn er über den Dollar verfügte, war er etwas.

Deutschland hatte in dieser Zeit in Amerika hohes Ansehen. Der erste Zeppelin war über den Atlantik geflogen und in New Jersey gelandet. Die „Bremen" war mit dem blauen Band des Atlantiks in New York eingelaufen. Nur einige Namen weltbekannter Deutscher, die jetzt in Amerika waren, wie Albert Einstein, Max Schmeling, Marlene Dietrich, Max Reinhardt, Lotte Lehmann, Erich Maria Remarque sollen genannt sein, die in ständigem Gespräch der sie bewundernden, amerikanischen Öffentlichkeit waren.

Chef der Mission in Washington war als ehemaliger Staatssekretär der Botschafter von Maltzahn, ein sehr kluger

Mann und Vater des Rapallo-Vertrages. Er war in den reaktionären Kreisen als „Roter Baron" verschrien. Bei einem Flug nach München war er abgestürzt. Sein Nachfolger wurde der deutsche Botschafter von Prittwitz. Er stammte, wie zu Putlitz, aus der ehemaligen Garde-Kavallerie. Mit ihm verstand sich Wolfgang sehr gut. Er erklärte Wolfgang, warum er sich von den schwarzweißroten Farben losgesagt hatte. Als Ordonanzoffizier war er von 1916 bis zum Kriegsende in der Reichskanzlei abkommandiert. Er hat gesehen, welche Unverantwortlichkeit mit den Deutschen getrieben wurde. Es war deutlich erkennbar, dass der Krieg verloren war. Trotzdem ließen die obersten Herren der Heeresleitung weiterkämpfen und Millionen Menschen sterben.

Prittwitz war der einzige der Missionschefs, der sofort nach Hitlers Machtübernahme sein Abschiedsgesuch nach Berlin schickte.[21]

Die Vereinigten Staaten befanden sich 1924 auf dem Gipfel der Konjunktur. Das sogenannte „Amerikanische Wirtschaftswunder" hatte für die weitesten Schichten Wohlstand gebracht. Viele der amerikanischen Diplomaten, die Wolfgang dort kennen lernte, saßen nach dem zweiten Weltkrieg auf hohen Posten des amerikanischen Außendienstes. Damals schloss er mit einigen dieser Diplomaten Freundschaft, die auch nach dem zweiten Weltkrieg Bestand hatte. Er dachte, dass diese Freundschaften einmal politischen Nutzen brächten und zur Verbesserung der Beziehungen zwischen den Ländern beitragen könnten. Er hat erfahren müssen, wie naiv sein Denken war, dass solche individuellen Momente auf den gesetzlichen Gang des Völkergeschehens kaum Einfluss ausüben konnten.

Im Jahre 1929 war Wolfgang zu Putlitz mit seinem Bruder, für den er eine Lehrstelle im Staate Missouri besorgt hatte, in New York. Plötzlich hörten sie bei ihrem Stadtbummel in New York: „Stresemann ist tot!" Ein Schlag für den Weltfrieden! [22] Was wird nun aus Deutschland, wer wird jetzt an die Macht kommen? Wenige Wochen danach kam der nächste Schock, der schwarze Freitag. Die New Yorker Börsenkurse brachen zusammen. Die Panik war unbeschreiblich. Die Weltwirtschaftskrise war da. Die großen Wallstreet-Banken nahmen den Deutschen Zinsen ab, die niemals herausgewirtschaftet werden konnten. Den Höhepunkt der Weltwirtschaftskrise erlebten die Deutschen nach dem Berliner Bankenkrach 1931. Es war klar, dass die Entwicklung in Deutschland eine Wende zum Schlechten nahm. Der preußische Militarismus mit seinem chauvinistischen Geist trat wieder auf. [23] Trotz der Pleite wurde in Deutschland der teuerste „Taschenpanzer" der Welt gebaut. Vom Reichskanzler Brüning wurde die deutsche Gleichberechtigung in Rüstungsfragen gefordert. Der deutsche Innenminister Treviranus brachte die gespannten Beziehungen zu Polen fast zum Zerreißen, indem er Festlegungen des Versailler Friedensvertrages, Danzig und den Korridor zurückforderte.

### Geschäftsträger in Haiti

Im Herbst 1931 wurde zu Putlitz von Washington abberufen. Er kam als Geschäftsträger nach Haiti.

Durch den Streit der spanischen und französischen Eroberer wurde die Insel in die zwei Länder Haiti und San Domingo geteilt In Haiti, diesem wunderschönen Land in den Tropen, erfreuten sich die Deutschen eines großen Wohlwollens. Als der erste und einzige „Negerstaat" der Welt hatte es Haiti vor rund anderthalb Jahrhunderten geschafft, sich von der Sklaverei der weißen Kolonialherrschaft freizukämpfen. Deutschland hatte in Haiti niemals direkte Kolonialansprüche oder Rassenprivilegien beansprucht. Deswegen konnte Wolfgang beim Präsidenten und der Bevölkerung viele Sympathien spüren. Ihm waren Rassenvorurteile völlig fremd. Anderthalb Jahrhunderte hatten neunzig Prozent der Bevölkerung auf kleinen Ackerflächen in primitiver Naturalwirtschaft arm aber glücklich gelebt. Dann kamen die Amerikaner und kauften riesige Ackerflächen durch amerikanische Gesellschaften. Sie legten große Plantagen mit Südfrüchten, Kaffee, Kakao, Zuckerrohr und Baumwolle an. Man errichtete Fabriken zur Verarbeitung der Produkte. Den kleinen Bauern, die dadurch ihr Land verloren hatten, blieb nichts weiter übrig, als Arbeiter für diese Gesellschaften zu werden. Sie waren die regelmäßige Arbeitszeit nicht gewöhnt und hatten keinen Ehrgeiz unter solchen Bedingungen zu arbeiten. Als dann der erste Weltkrieg in Deutschland und europäischen Staaten tobte, wurden die haitianischen Gesellschaften ihre Waren nicht mehr los. Die Arbeiter wurden brotlos. Da jedoch die Mehrzahl der Bevölkerung auf ihren kleinen Parzellen auf dem Lande saß, brach keine Hungersnot aus. Für deutsche Geschäftsleute, die ihre Waren nicht mehr verkaufen konnten, wurde es kritisch. Einigen dieser Familien organisierte Wolfgang zu Putlitz eine Überfahrt nach Deutschland mit Hilfe der Wohlfahrt im Zwischendeck eines Dampfers. Sie besaßen kein Geld, um selbst die Fahrt zu bezahlen.

# Heimaturlaub nach fast fünfjährigem Aufenthalt in Übersee

Wolfgang hatte Anspruch auf vier Monate Heimaturlaub. Prittwitz gab ihm auf der Botschaft ein kleines Abschiedsessen, bei dem er seinen Nachfolger, Herbert Blankenhorn kennenlernte. [24]

Zwanzig Jahre später war dieser Herbert Blankenhorn Botschafter und eine führende Persönlichkeit im deutschen auswärtigen Dienst in Bonn.

Die „Bremen" brachte Wolfgang 1932 nach Europa.

Für ein paar Tage stieg er in England aus, um dort seinen Freund Ustinov wieder zu sehen. Anschließend war er kurz in Paris.

In Deutschland angekommen, traf er zufällig den Sohn des neuen deutschen Reichskanzlers von Papen. In der Washingtoner Botschaft hatte er ihn in Kulturangelegenheiten zu betreuen. Wolfgang wurde in Berlin einige Male bei den von Papen zum Essen eingeladen. Er traf Gäste, „bei denen er den alten Geist von Potsdam riechen konnte." Dieser Geist war in den letzten zehn Jahren leider nicht verduftet. Es war erkennbar, dass er jetzt wieder das politische Klima in Deutschland beherrschte.

Das „Kabinett der Barone" bestand doch ausschließlich aus preußischen „Krautjunkern", wie sie die „Fliegenden Blätter" deutlich karikieren konnten. „Krautjunker" wurden die ostelbischen Großgrundbesitzer genannt. Im Späthochdeutschen war das der Landedelmann, der keine Weltgewandtheit und Welterfahrung besaß.

Die Frage war nur, wer wird der nächste allergnädigste König und Kaiser? Diese Frage beschäftigte die feudale Gesellschaft. Sie lebte noch in Saus und Braus, während die Bauern in tiefen Schulden steckten. Auch Laaske stand unmittelbar vor der Pleite. Das Land wurde von Arbeitslosen überlaufen. Die Laasker Gutsmamsell kochte jeden Tag einen Extrakessel Suppe und hatte manchmal fünfzig Kostgänger im Hausflur.

In dieser Zeit, den Jahren der Wirtschaftskrise 1932/33, lief Wolfgang als gut gekleideter Diplomat in den Straßen Berlins herum.[25] Verschämt hat er dann nach der anderen Straßenseite geschaut, sobald ihn die hungrigen Blicke irgendeines der vielen zerlumpten Arbeitslosen trafen, die dort herumstanden. Seine Gedanken waren schon damals unterwegs gewesen auf der Suche nach einem besseren Vaterland und nicht erst seit der Nazibarbarei.

So konnte es nicht weitergehen. Die schönen Tage der Stresemannschen Demokratie mit ihrem Silberstreifen am Horizont waren vorbei. Herr von Papen und seine Barone forderten eine Katastrophe geradezu heraus. Etwas Neues, Revolutionierendes musste geschehen. Aber was? Damals sah Wolfgang zu Putlitz zwei Kräfte, die eine Änderung der Verhältnisse versprachen: Die Nazis und die Kommunisten. Zu den Kommunisten hatte er keinen Zugang. Er wusste nur, dass sie alles, was in der Gesellschaft bestand, ablehnten und zerschlagen wollten. Es gelang ihm als Kurier vom Auswärtigen Amt zwei Wochen nach Moskau und Leningrad zu fahren. Die Rückständigkeit und Primitivität der technischen Einrichtungen dort waren unvorstellbar. Er beherrschte nicht die russische Sprache und konnte deshalb keinen Kontakt mit Einheimischen schließen, sodass er enttäuscht nach Deutschland zurückkehrte.[26] Im Auswärtigen Amt gab es viele Nazis. Er gestand, dass ihm viele ihrer Ideen gefallen haben, wie z. B. die Schaffung einer Volksgemeinschaft und deren Parole „Gemeinnutz geht vor Eigennutz". Andere Ideen der Nazis, äußerte er, wären aber barbarisch, wie z. B. die Rassentheorie. Gegen die Kommunisten wandten sich die Nazis insofern, dass sie sagten, die internationale Führerschaft der Kommunisten bestehe aus Juden. Zu Putlitz diskutierte mit seinen Nazidiplomaten vielfach über die sogenannten „guten Kommunisten", die, so sagte ein Nazi, von der internationalen Judenschaft aufgehetzt werden. Die Diskussionen mit den Nazis waren vollkommen konfus.

**Eine neue Zeit bahnt sich an. Treueeid zu Hitler**

Inzwischen war das reaktionäre Papenkabinett abgesetzt worden. Durch das Kabinett der Barone war das Reich innenpolitisch in solchen Sumpf geraten, dass unbedingt etwas passieren musste. Man musste versuchen, sich im Volk eine breite Basis zu schaffen; und da war Hitler der richtige Mann.

Am 30. Januar 1933 wurde er durch den Reichspräsidenten Paul von Hindenburg zum Reichskanzler ernannt. Bei seiner Machtübernahme hatte Hitler seinen Leuten zugerufen: Gebt mir vier Jahre Zeit! [27]

Wolfgang zu Putlitz war nun unter Hitler im Auswärtigen Amt. Er hatte den Treueeid zu Hitler zu schwören: „Ich schwöre, ich werde dem Führer des deutschen Reiches und Volkes Adolf Hitler treu und gehorsam sein, die Gesetze beachten und meine Amtspflichten gewissenhaft erfüllen, so wahr mir Gott helfe."

Für zu Putlitz entstand eine kaum erträgliche Situation. Aus dem Amt ausscheiden und Krautjunker werden, das wollte er nicht. In der Geschäftemacherei in Industrie und Handel hatte er schlechte Erfahrungen gemacht. Deutschland den Rücken kehren? Das kam für ihn nicht in Frage. Er hatte sich vorgenommen, für sein Vaterland etwas Nützliches zu tun. Solange man jetzt in diesem Dienst war, machte man sich an den Verbrechen mitschuldig. Am liebsten wäre er wieder ins Ausland gegangen, um sich an den Schweinereien nicht unmittelbar zu besudeln.

Als die Nazis an der Macht waren, belebte sich die Wirtschaft. Im Jahre 1933 waren 11,55 Millionen Menschen in Arbeit, 1936 waren es schon 50,7 Millionen Menschen. Die Autobahn wurde als Symbol des nationalen Willens gebaut. Dieser Bau war mit dem Bau anderer Prestige-Objekte verbunden, der neuen großen Hauptstadt Deutschlands, „Germania." Putlitz beherrschte perfekt die englische Sprache und wurde gelegentlich zu Hitler gerufen, um für Hitler und angelsächsische Diplomaten zu übersetzen. Nach solchen Begegnungen wurde er häufig gefragt, welchen Eindruck er von Hitler habe. Dazu schreibt Wolfgang zu Putlitz in seiner Biografie: „Das lässt sich gar nicht beschreiben. Meine Reaktion ist lediglich die, dass sich bei mir die Blase zusammenzieht, und ich mir wie ein Kind die Hosen nass machen möchte." [28]

Gerüchte von ungeheuren Gräueln kamen auf. „Wir, in der Presseabteilung", in der er arbeitete, „sahen klar, dass dieses Regime hemmungslos und unverschämt log." Aber keiner wollte die Nazis ernst nehmen. Nach dem Reichstagsbrand verbreiteten sich Nachrichten von kommunistischen Brandstiftern. Selbst bei vernünftigen Menschen, auch bei Wolfgangs Mutter in Laaske, herrschte Angst. Anfangs war Wolfgang den Nazis gegenüber nicht ganz ablehnend. Vor dem 30. Januar hatte er immer noch an die Phrase der Volksgemeinschaft geglaubt.[29] Da er aber bald den Schwindel durchschaute, war das vorbei. Sein Hass richtete sich jetzt besonders gegen die Militärs, die sturen Krautjunker und den Geldsackklüngel, die Hitler in den Sattel gehoben hatten. Im Jahre 1933 war gut die Hälfte der Spitzendiplomaten adliger Abstammung.[30] Zu Putlitz hatte den Reichstagsbrand miterlebt und die darauffolgende Jagd auf Kommunisten und Juden. Er hatte an der entscheidenden Reichstagssitzung teilgenommen, an der das Ermächtigungsgesetz angenommen wurde. Damit hatte der Reichstag faktisch seine Gesetzgebungskompetenzen an die Hitlerregierung abgegeben. Von Goebbels sagte Wolfgang, dass er das Lügen wie die Luft zum Atmen brauche. Mit halbwegs nachdenkenden Menschen im Auswärtigen Amt hatte er sich öfter die Frage gestellt, ob er es mit seinem Gewissen vereinbaren könne, in dieser Gesellschaft weiter mitzumachen. Man war sich im Klaren, dass, wenn die Nazis weiter regieren würden, es zu einer schrecklichen Katastrophe führen würde. Viele seiner Kollegen meinten, dass die Nazis zum Regieren zu dilettantisch seien, nicht fähig zum Regieren wären und deshalb nicht lange Zeit regieren würden. Einige seiner Kollegen schlugen jedoch alle Bedenken in den Wind. Unter den Mitarbeitern des Auswärtigen Amtes entwickelten sich Widerständler gegen Hitler.

Dieser Widerstand entwickelte sich individuell. Zu ihnen gehörte z.B. Hans Bernd von Haeften, der Vertrauensmann von Claus Graf Stauffenberg, der am 20. Juli 1944 hingerichtet wurde. Er war direkt in die Vorbereitungen des Attentats einbezogen. Wenige Tage vor dem Attentat waren die wichtigsten Oppositionellen des Auswärtigen Amtes festgenommen worden. Die am Umsturz Beteiligten wurden auf Grund Hitlers Entscheidung vor den Volksgerichtshof geführt.

Von Freisler, dem Präsidenten des Volksgerichtshofes verhört, tat von Haeften seinen berühmt gewordenen Ausspruch: „Nach der Auffassung, die ich von der weltgeschichtlichen Rolle des Führers habe, nämlich, dass er ein Vollstrecker des Bösen ist ..." [31]

Der Reichspropagandaminister Goebbels notierte in seinem Tagebuch unter dem 24. August 1944 noch eine weitere Aussage Hans Bernd von Haeftens vor dem Volksgerichtshof: „Der Legationsrat von Haeften hat bekanntlich bei seiner Vernehmung ausgesagt, dass zwei Drittel des Auswärtigen Amtes genauso dächten wie er. [32] Der Führer bemerkt sehr richtig, dass ich diese zwei Drittel, die sowieso defätistisch gesinnt seien, abbauen solle". Von Haeften wurde wegen seiner Beteiligung am Attentat des 20. Juli erhängt.

## Nach Genf zur Abrüstungskonferenz des Völkerbundes

Zu Putlitz kam ein unverhoffter Zufall zugute, aus der Berliner Atmosphäre kurzzeitig herauszukommen. Er konnte für einen älteren Kollegen als Presseattaché der deutschen Delegation für die Abrüstungskonferenz des Völkerbundes 1933 nach Genf fahren. Hier fühlten sich Diplomaten und Delegierte aus aller Welt wohl. Aber als dann der spätere Gestapomörder Heydrich und der fürchterliche Rabauke Dr. R.

Ley, der zuvor die Gewerkschaften zerschlagen hatte, eintrafen, war es mit der friedlichen Atmosphäre vorbei. Mit Heydrich kam Wolfgang in ein Gespräch über Konzentrationslager, bei denen sich, wie Heydrich ihm erwiderte, Putlitz wie die Unschuld vom Lande verhielt. Seit diesem Tage, sagte zu Putlitz, gehöre ich nicht mehr zu den Deutschen, die einmal sagen konnten: „Ich habe es nicht gewusst."

Ein Faustschlag für die Deutschen auf der Abrüstungskonferenz traf mit einem Brief aus Berlin ein. Er enthielt die Nachricht, dass Deutschland nicht nur aus der Abrüstungskonferenz, sondern überhaupt aus dem Völkerbund ausgetreten sei, und alle deutschen Delegationsteilnehmer auf dem schnellsten Wege nach Berlin zurückkommen sollten. Man war entsetzt über die Verantwortungslosigkeit, mit der hier das Schicksal unserer Nation aufs Spiel gesetzt wurde.[33] Aber die Westmächte, auch die damalige Weltmacht England, nahmen die freche Brüskierung der Genfer Abrüstungskonferenz stillschweigend hin. Man duldete es.

## An der Botschaft in Paris und London

Kurze Zeit darauf wurde Wolfgang zu seiner großen Freude in die Pariser Botschaft versetzt und schon 1934 gegen einen Botschafter in London ausgetauscht. Mit dem Pariser Botschafter hatte er sich nicht so gut verstanden.

In London waren in den letzten Jahren die Deutschen sogar populär geworden. Das Naziregime fanden die Engländer zwar abscheulich, aber man hielt es für eine Abirrung.

Viele Familien schickten ihre Töchter in den 30er Jahren auf deutsche Schulen. Es war Mode, Töchter auf ein deutsches Mädchenpensionat zu schicken. Die englische Schriftstellerin Rachel Johnson, die Schwester des Londoner Bürgermeisters, beschreibt in ihrem Buch „Winter Games" die Schwärmereien dieser Mädchen über die herrliche deutsche Landschaft, die deutsche Sauberkeit und wie großartig Hitler war. Ende des 20sten Jahrhunderts hat Rachel Johnson für ihr Buchprojekt „Winter Games" ehemalige Mädchen, die damals in Deutschland waren und jetzt über neunzig Jahre alt sind, befragt. Sie schwärmten, das wäre die beste Zeit ihres Lebens gewesen. Viele der Mädchen lebten in Bayern, wo die Luft sauber war, das Leben war gesund, es gab gutaussehende Männer und sie hatten alles, Sex inklusive. Die meisten Mädchen konnten es später nicht glauben, dass die netten Deutschen zu solchen Grausamkeiten in der Nazizeit fähig waren. Spätestens nach der Invasion in Polen änderte sich in England diese Meinung.

Rachel war 2013/14 zu Recherchen in Berchtesgaden. Zufällig war es am Tage von Hitlers Geburtstag. An Hitlers ehemaliger Residenz hatte jemand Kerzen angezündet. Die Touristen erzählten, dass es schwer sei, der schwierigen Vergangenheit aus dem Weg zu gehen. -

Es ist nicht zu fassen; in vielen Köpfen spukt sie immer noch die alte, nicht aufgearbeitete Vergangenheit der Hitlerzeit.

## Wolfgang zu Putlitz, Leiter der Konsularabteilung an der deutschen Botschaft in London

Durch den Röhm-Putsch am 30. Juni 1934 waren die Nazis endgültig in den Sattel gehoben. Es war immer klarer erkennbar, dass die Nazis, sie sagten, die Schmach des Versailler Vertrages von 1918 auslöschen wollten. Wenn Wolfgang zu Putlitz seine englischen Freunde und Bekannten auf die erkennbaren Kriegsvorbereitungen Hitlers aufmerksam machen wollte, reagierten sie mit geringschätziger Herablassung.

In London suchte er seinen Bekannten, den deutschen Vertreter des Wolfschen Telegrafenbüros, Jona Ustinov auf, den er kennen gelernt hatte, als er in England war, um die englische Sprache zu lernen, Jona Ustinov war in den 30er-Jahren Presseoffizier an der deutschen Botschaft. Er war inzwischen in Ungnade gefallen, denn er hatte keine arischen Vorfahren.

Als Hitler an die Macht kam, begann Ustinov gegen das NS-Regime zu arbeiten.[34] Er trat an Robert Vansittart heran, einen bekannten NS-Gegner und außenpolitischen Ratgeber im britischen Außenministerium und bot ihm an, für den britischen Geheimdienst zu arbeiten. Vansittart war am Geheimdienst weitaus stärker interessiert als seine Vorgesetzten. Zum Sammeln geheimdienstlicher Informationen baute er sogar eine „Privatdetektei" auf. Deutschland begegnete er schon lange mit Misstrauen und trat deswegen für eine Aufrüstung und gegen eine Friedenspolitik ein. Von Vansittart ermuntert, begann der britische Sicherheitsdienst in der deutschen Botschaft Quellen zu erschließen. Ustinov gab an, Verbindungen zu Baron Wolfgang zu Putlitz zu haben. Wolfgang zu Putlitz hatte gegenüber Jona Ustinov einmal geäußert: „Wenn wir doch beitragen könnten, dem Hitler das Genick zu brechen." „Dazu bestehen Aussichten, natürlich müssen wir vorsichtig sein", erwiderte Ustinov. Im Jahre 1935, zwei Jahre nach Hitlers Machtantritt, begann Ustinov für den britischen Inlandgeheimdienst, Security Service, auch bekannt als MI 5, nach der historischen Bezeichnung Military Intelligence Section 5, zu arbeiten. Er wurde britischer Staatsbürger und Leiter der britischen Spionageabwehr MI 5, die dem Innenministerium unterstand.

Ustinov hatte Zugang zu britischen diplomatischen Unterlagen, besonders zu den Depeschen der Botschafter in Berlin und Rom. Dadurch erhielt er Informationen über die Situation in Nazideutschland. An Putlitz wurde der Wunsch herangetragen, Informationen aus der deutschen Botschaft für das MI 5 zu besorgen. Diesen Wunsch wollte er erfüllen. Jeden Tag ging er in sein Büro und las die Depeschen, die ihm sein Sekretär jeden Morgen auf sein Pult legte. Der Gestapochef der Botschaft war sein Todfeind. Manchmal fühlte Wolfgang, dass er ihm argwöhnte und er schien ungewöhnliches Interesse an seinen Maßnahmen zu haben. Wann immer er zu seinen Freunden, wie zu Ustinov ging, fühlte er sich in ständiger Gefahr, beschattet zu werden. Von seiner Wohnung zum Soho Square fuhr er auf abgelegenen Routen, die Busse wechselnd, Taxis nehmend, niemals das Auto mit dem Diplomatenschild nutzend. Die Nerven waren immer nahe am Zerreißen. Aber die Informationen, die er fähig war nach Kensington, seinen britischen Freunden zu geben, oft nicht mehr als kleine Details, waren all die Qualen wert. Sie gaben ein komplettes Bild von Hitlers Kriegsplänen. Manchmal war Putlitz fähig, Einzelheiten zu liefern, die für ihn selbst überraschend waren. So war es, dass er Hitlers geheimen Plan für den Einmarsch nach Österreich im März 1938 übergab und eine Liste von Nazispionen, die in Britannien arbeiteten. Jeden Moment fürchtete er, entdeckt zu werden. Von den Berichten der Auslandsorganisation nach Berlin, mit denen Putlitz den britischen Geheimdienst belieferte, hatte der auf den britischen Geheimdienstchef die größte Wirkung, der die richtige Vorhersage enthielt, dass Großbritannien mit keiner Militäraktion reagieren würde, wenn Hitler im März 1936 befehlen würde, unter Verstoß des Versailler Vertrages ins Rheinland einzufallen. Jetzt plötzlich fürchtete der Geheimdienst die Gefahr eines neuen großen Krieges; aber die Briten taten ebenfalls nichts, als das entmilitarisierte Rheinland 1936 tatsächlich von Hitler besetzt wurde.

Hitler hatte 1935 die allgemeine Wehrpflicht eingeführt, ein unverhüllter Bruch des Versailler Vertrages. Es wurde geduldet. Hitler wurde immer frecher. Seine Wehrmacht und Luftwaffe waren inzwischen so gut ausgerüstet, dass nur ein Knopfdruck genügte, um die Rüstungsmaschine in Bewegung zu setzen. Hitlers Generale in der Berliner Bendlerstraße waren bereit, für ein Großdeutschland zu kämpfen. Ribbentrop war der gefügige Außenminister, Herr des Auswärtigen Amtes in der Wilhelmstraße geworden. Ihm gelang es, einen Flottenpakt mit England unter Dach und Fach zu bringen, denn er hatte kalkuliert, dass England, eine große Seemacht, nichts gegen eine Aufrüstung der Wehrmacht (auf dem Lande) in Deutschland hätte. Davor hätte sich nur Frankreich fürchten müssen. [35]

Die Einigkeit der westlichen Großmächte zerfiel immer mehr.

Von Wolfgangs Freund Ustinov erfahren wir diese Einschätzung, übermittelt von Wolfgang nach der Zeit, als Ribbentrop 1938 Außenminister geworden war: „Die Armee wird in Zukunft das gefügige Instrument der NSDAP-Außenpolitik sein. Unter Ribbentrop wird diese Außenpolitik eine aggressive Vorwärtspolitik sein. Ihr erstes Ziel, Österreich, ist teilweise schon erreicht. Österreich fällt wie eine reife Frucht an Hitler. Der österreichische Bundeskanzler Schuschnigg war von Hitler so bearbeitet worden, dass er in einer Rundfunkansprache seinen Rücktritt bekannt gab und als seinen Nachfolger den Nazikollegen Seyß-Inquart nannte. Dieser sagte daraufhin, dass er von Hitler gebeten wurde, in seinem Land Ruhe und Ordnung herzustellen. Das war der erste Streich in den Iden des März 1938; und der nächste folgte sogleich. Nach der Konsolidierung der Position in Österreich wird sich der nächste Schritt gegen die Tschechoslowakei einrichten." [36]

Der Überraschungsstreich, die Tschechoslowakei zu überfallen, sollte am 21. März erfolgen. Allerdings hatte die Tschechoslowakei ihre Grenzen besetzt und sperrte die Übergänge. Der Schwadronschef, Rittmeister von Lüttwitz, erklärte Wolfgang zu Putlitz, dass nicht einmal der große Feldherr Moltke es geschafft hätte, die böhmischen Befestigungen zu erstürmen und dabei mindestens 100.000 Soldaten zu opfern. Hitler knackte sie ohne einen Schuss.[37]

Von Baron zu Putlitz erhielt der MI 5 wichtige Geheiminformationen über den wahren Stand der deutschen Wiederbewaffnung. Peter Wright und Paul Greengrass schreiben in dem Buch „Spycatcher", dass es unbezahlbare Informationen waren, wahrscheinlich die bedeutendsten, das Großbritannien vor dem Krieg von einer Einzelperson erhielt.

Zu Putlitz hatte damals riesige innere Kämpfe zu bestehen. Schließlich hatte er als deutscher Diplomat den Treueeid auf Hitler geschworen. Als moralische Stütze in seinen inneren Kämpfen diente ihm ein Leitsatz, den er in einer Biografie Talleyrands gelesen hatte.[38]

„Es gibt im Leben der Nationen Momente, wo für den Patrioten der Verrat an der eigenen Regierung, die das Land ins Verderben führt, zur höchsten Pflicht wird."

Während seiner Tätigkeit in London hat Wolfgang zu Putlitz Freunden und Bekannten manchen gefährlichen Nazisaboteur und raffiniert getarnten Spion ferngehalten.

Auf den Leiter der Konsularabteilung der deutschen Botschaft in London, Wolfgang zu Putlitz, richteten sich kritische Blicke; denn er gehörte zu den zwei Beamten in der Botschaft, die noch nicht in die Nazi-Partei eingetreten waren. Die Parteileitung hielt es für untragbar, das zu dulden, als Ribbentrop zum Botschafter berufen wurde. Was sollte Wolfgang machen? Er beriet sich mit Freunden. Man entschied, dass er in die Partei eintreten solle, denn so, sagten sie, hätte er die beste Möglichkeit etwas gegen die Nazis zu tun.[39]

Inzwischen herrschte in Deutschland das faschistische Terrorregime. Die Engländer unterdessen, führten gegenüber den faschistischen Mächten Deutschland und Italien, eine unkluge, würdelose Beschwichtigungspolitik. Hauptverfechter dieser Politik war der britische Premierminister Chamberlain. Er wollte an dieser Politik festhalten, denn „Hitler wäre wohl", so äußerte er, „das starke Bollwerk gegen den Bolschewismus. Es wäre das Beste für uns Engländer, wenn diese beiden tollen Hunde, Hitler und Stalin, sich in die Haare kämen und sich gegenseitig zerfleischten".[40] Damit unterstützte Chamberlain Hitlers Mobilisierungsideologie für den Krieg. Zur direkten Vorbereitung des Krieges diente die Legende, dass Deutschland ein Volk ohne Raum sei und sich deswegen Lebensraum im Osten erobern müsse. Wolfgang zu Putlitz kritisierte ständig diese Beschwichtigungspolitik. Er berichtete im September 1936, dass Hitlers Außenminister Ribbentrop und sein Stab einen Krieg des deutschen Reiches mit Russland als „so sicher, wie das Amen in der Kirche halten und dass Großbritannien bei einem Einmarsch Hitlers in die Sowjetunion keinen Finger krümmen werde." Ihm gelang es sogar in das Kabinett Chamberlains vorzudringen, um dort seine politische Meinung zu sagen und die Mitglieder auf die äußerst kritische Lage aufmerksam zu machen. Man hörte sich seine „Notrufe" mit Erwiderungen wie „interessant" und „überlegenswert" an. Im Parlament versuchte er Regierungsmitglieder zu bewegen, ein deutsches Freiheitskomitee ins Leben zu rufen, um wenigstens in großen Zügen verbindliche Friedensbewegungen bekannt zu geben. Aber er musste einsehen, dass die englische Regierung nicht gewillt war, sich zu Taten gegen Hitler zu bewegen. Viele Informationen von Putlitz wurden von Chamberlain in den Wind geschlagen, z. B. der bevorstehende Einmarsch Hitlers in die Tschechoslowakei und der Einmarsch der mit Hitler befreundeten Italiener in Albanien. Wolfgang zu Putlitz hatte die feste Meinung, dass er durch Übermittlung seiner Informationen an das britische Außenministerium die Regierung in eine harte Linie gegen Hitler lenken könnte, um die von ihm vorausgesehenen desaströsen Folgen zu verhindern. Er hatte die Information des deutschen Botschafters Schulenburg in Moskau an das MI 5 gegeben, dass Russland nicht in der Lage war, der Tschechoslowakei zu Hilfe zu kommen.

Die Mitarbeiter des britischen Innenministeriums beurteil-
ten die Informationen von zu Putlitz immer als einzigartig.
Sie lieferten Erkenntnisse, die auf offiziellen deutschen Dokumenten und auf Bemerkungen Hitlers und einiger wichti-
ger Gefolgsleute beruhten.

In Notizen des MI 5 „zur aggressiven Politik Hitlers und
Ribbentrops und den daraus folgenden Anweisungen für die
Abwehr und der Exekutive des MI 5, der „Special Branch"
von Scotland Yard", waren in einem riesigen Archiv Informationen zusammen getragen worden. Ein Mitarbeiter des MI 5
brachte gegen Ende des Jahres 1935 die „Special Branch" in
Kontakt mit einem britischen Staatsangehörigen, der Kontakte zu Regierungs- und diplomatischen Kreisen hatte. Dieser
Brite hatte freundschaftliche Beziehungen zu Wolfgang zu
Putlitz.[41] In den Notizen des MI 5, im Nationalarchiv in London, ist eine Notiz „on the roll of Wolfgang zu Putlitz in MI
5`s reporting to the Foreign Office on German affairs between
1936 and 1939" enthalten.

Hier finden wir solche Informationen des W. zu Putlitz für
die britische Regierung, die helfen sollten, gegen Hitler anzu-
treten und schließlich einen Krieg zu verhindern:

Die britische Regierung erfuhr z.B., dass die deutsche Abwehr unter Canaris eine Anzahl von Vertretungen für Botschaften und Gesandtschaften im Ausland zusammenstell-
te.[42] Ein Stützpunkt für Abwehraktionen wurde in Holland
errichtet. Sie waren hier schon sehr aktiv. Zwei deutsche Ab-
wehroffiziere hatten Putlitz informiert, dass sie Agenten
überall in Holland hatten. Sie fügten hinzu, dass Hotels und
Restaurants mit ihnen unterwandert waren und prahlten,
dass sie alle Dokumente, die sie wünschten, in Holland bekommen könnten. Diese Informationen waren dem Auslän-

dischen Amt, dem Innenministerium, SIS (Secret Intelligence Service) und dem Direktor für Militärnachrichten mitgeteilt worden.

Der „Branch" sollten diese Informationen Gründe geben, die Anzahl der Mitarbeiter der Spionageabwehr zu erhöhen. Durch eine Neustrukturierung der Abteilung sollte sie in die Lage versetzt werden, den offiziellen Gefahren von Hitlers aggressiver Politik zu begegnen. Es wurde ein Bericht erstellt, der Informationen von Putlitz und anderen deutschen Quellen zusammenfasste. Die Zusammenfassung enthielt eine Charakterskizze Hitlers, wie sie von Quellen aus seiner näheren Umgebung übermittelt wurde. Es wurde darauf hingewiesen, dass bei dieser Information große Sorgfalt aufzuwenden wäre, um die Identitäten von Putlitz und anderen Quellen zu verbergen. Sie beschrieb Hitlers Vorgehen in der großen Politik und die Taktiken, die er früher schon angewandt hatte: „Durch eine Finte hier und einen schweren Schlag dort, verursachte er Verwirrung bei seinen Gegnern und machte gleichzeitig Friedensangebote. Wenn er ihnen dann keine Ruhe gelassen hatte, und er sie da hatte, wo er sie haben wollte, machte er einen starken Angriff, wobei er wie ein Blitz über sie herfiel."

Goebbels wurde zitiert, dass dieses eine sehr zutreffende Aussage über den augenblicklichen Charakter Hitlers wäre. „Der einzige Mensch, der Hitler beeindrucken könne". sagte Goebbels, „sei jemand, der ihm ein festes „Nein" entgegensetzte und seine Drohungen mit wirksamen Gegendrohungen beantworte ...". Man fand es eigenartig, dass andere Länder diese Hitler-Methoden nicht erkannten. Hitler war überzeugt, dass Großbritannien dekadent war und weder den

Willen noch die Macht hatte, das britische Empire zu verteidigen.

In kurzer Form sollen hier einige weitere Äußerungen bzw. Informationen genannt werden, die Putlitz seinen englischen Freunden gegeben hat:

In Nazikreisen war man überzeugt, dass England keinen Finger rühren wird, wenn Hitler einen Angriff auf Russland in Gang setzt.

Als Ribbentrop in England ankam, war er von einem großen Stab von Mitarbeitern seiner Dienststelle begleitet. Putlitz erklärte, dass die Mitglieder des Botschaftspersonals bemerkten, dass ihre Schreibtische in der Nacht durchsucht waren, und er fühlte, dass er, wie er sagte, in einem kompletten Irrenhaus arbeitete.

Im Frühjahr 1938 teilte Putlitz dem MI 5 mit, dass Befehle ausgegeben wurden, die Spionage gegen England zu verstärken. Die Abwehrabteilung hatte Befehle in dieser Hinsicht an den militärischen Attaché in London ausgegeben, und die deutschen Konsule wurden aufgefordert, Berichte zu erstellen und Namen von Agenten zu liefern, die in der Lage waren, an militärische Geheimnisse heranzukommen.

Im Februar 1939 übersandte das MI 5 dem Foreign Office eine Zusammenfassung von Sichtweisen, die von Putlitz zum Ausdruck gebracht worden waren: Darin kam er zu dem Schluss, dass die Armee künftig ein gehorsames Instrument der Nazi-Außenpolitik sein würde. Die jüngsten Säuberungen hatten die Armee unter die vollständige Kontrolle der Nazis gebracht. Unter Ribbentrop würde die Außenpolitik eine aggressive Vorwärtsstrategie sein. Putlitz war der Ansicht, dass Britannien seine Trümpfe aus der Hand geben würde. Wenn Britannien eine feste Haltung eingenommen hätte, oder jetzt noch einnehmen würde und mit Krieg drohte, würde Hitler mit seinem Bluff nicht durchkommen. Die deutsche Armee war noch nicht bereit für einen großen Krieg. Er betonte immer wieder, dass die Engländer die Primitivität von Leuten wie Ribbentrop nicht verstünden und dass sie den Fehler machen würden, ihre eigenen gedanklichen und diplomatischen Standards im Umgang mit ihnen anzuwenden. Seiner Meinung nach hatte sich eine Situation entwickelt, die einen Krieg unausweichlich mache.

Soweit die von zu Putlitz übergegebenen MI 5-Notizen.

In dieser Form bestand der Widerstand des Wolfgang zu Putlitz gegen Hitler. Viele konkrete Fakten haben Mitglieder der britischen Regierung, sogar Chamberlain persönlich erfahren. Sie ließen eine Kriegsvorbereitung Hitlers auf viele europäische Länder erkennen. Die Aufrüstungspolitik Hitlers wurde durch England sogar unterstützt. Diese Appeasement-Politik der Engländer ist kaum verständlich. War der entscheidende Grund wirklich und hauptsächlich, dass erst einmal die Ölfelder der Sowjetunion am Schwarzen Meer durch Hitler zerbombt werden sollten? War es die Angst der Engländer, dass sich der Kommunismus in der Sowjetunion entwickeln und weiterverbreiten könnte? Viele Engländer hatten die Grausamkeiten des ersten Weltkrieges in ihren Köpfen. Sie wollten es nicht noch einmal erleben. Für die britische Regierung war die Zerbombung der sowjetischen Ölfelder vorrangig. Man wünschte sich, dass sich Hitler und Stalin erst einmal gegenseitig zerfleischen sollten.

Die Regierung in Deutschland entpuppte sich immer mehr als Lügenapparat und Gewaltmaschine. Kommunisten und Juden wurden verfolgt und kamen in Konzentrationslager. Der Leiter des Reichspropagandaamtes Ausland hatte im August 1944 eine Liste mit „Verrätern" des Auswärtigen Amtes an Reichspropagandaminister Goebbels übergeben. In der Liste der „Überläufer" des Auswärtigen Amtes steht wörtlich „Gesandtschaftsrat Wolfgang Gans Edler Herr zu Putlitz, Deutsche Gesandtschaft Den Haag 1940 zu den Engländern übergelaufen. Führende Rolle im englischen Geheimdienst."

## Gesandtschaftsrat in Den Haag, Holland

Nach vier Jahren, im Mai 1938, lief die Amtszeit ab, die Wolfgang an der Deutschen Botschaft in London verbrachte. Fürst Bismarck hat ihn dem Gesandten Graf Zech von Burkersroda in Holland empfohlen. Er wurde zum Gesandtschaftsrat in Den Haag ernannt.

Wenn wir uns die bisher bekannten Aktivitäten des Wolfgang zu Putlitz im Widerstand gegen Hitler durch den Kopf gehen lassen, meinen wir nicht, er hat es richtig gemacht? Bestand durch seine Aktivitäten Hoffnung, diesen grausamen 2. Weltkrieg, wenn auch nicht vollkommen zu verhindern, so doch Hitler in die Schranken zu weisen und die Ausbreitung des Krieges in so vielen Ländern zu unterbinden? Im Wesentlichen ist es die Beschwichtigungspolitik der britischen Regierung gewesen, die sämtliche Kriegsvorbereitungen der Nazis absichtlich übersehen hat. Sie hat ihre Gründe genannt, Hitlers Aktivitäten nicht zu unterbinden. Noch heute verkrampft sich einem das Herz, wenn man an die ca. 11,4 Millionen gefallenen deutschen Soldaten und die mindestens 55 Millionen Menschen aus Europa und Fernost denkt, die im 2. Weltkrieg ihr Leben lassen mussten.

Wenn Wolfgang etwas Wichtiges weiterzugeben hatte, zog er es vor, von der Gesandtschaft in Den Haag, wo er jetzt tätig war, den Nachrichtenchef in London aufzusuchen. Er musste dann seine gelegentlichen Trips nach London begründen. Dem Botschafter in Haag erzählte er, dass er seinen Schneider in Savile Row aufsuche oder seinen Zahnarzt in London. Es war einer der Vorwände eines schlimmen Zahnwehs das Wolfgang vortäuschte, um seinen Freunden die Pläne für eine Invasion der Tschechoslowakei, mehr als einen Monat bevor die Panzer die Grenze überrollten, mitzuteilen.[42]

Und im späten Sommer 1939 übergab Wolfgang seine letzte Botschaft nach London. Sie besagte: „Tante Tanni wird in 14 Tagen rüberkommen". Er meinte damit, dass die deutsche Armee im Begriff war, Polen zu überfallen. Zwei Wochen später waren Deutschland und England im Krieg. Damit war für Wolfgang der Kontakt mit London unterbrochen.

Aber dann erlebte Wolfgang eine neue, unerwartete Entwicklung. Zu seinem äußersten Erstaunen kam Wolfgangs Freund Ustinow von Kensington in Holland an. Auf einem geheimen Treffen sagte er ihm, dass er speziell nach Den Haag gesandt wurde, um mit ihm in Verbindung zu sein. Zu dieser Zeit war Sir Robert Vansittart Leiter des Auswärtigen Amtes in London.

Viele Jahre später, im November 1955, schreibt Wolfgang zu Putlitz in der Zeitung „People" einen ausführlichen Artikel, in dem er detailliert über seine Aktivitäten als Agent für die Briten berichtet. Der Artikel hat die Überschrift „Ich klage das Auswärtige Amt an". Vansittart leitet diesen Artikel ein mit: „Thanks to him Britain knew every Nazi Spy." (Danke, durch ihn kannten die Briten jeden Nazi-Spion.)

Zurück zu Wolfgang und Ustinow in Den Haag: Augenblicklich arrangierten sie einen einfachen Code von Zeichen, so dass zu jeder Zeit, z.B. nur durch das Kratzen seines Kopfes, das Bluten der Nase oder Reiben am Ohrläppchen, Wolfgang ihn wissen lassen konnte, dass er Informationen hatte, die er ihm geben konnte. Sehr bald hatte Wolfgang Gelegenheit, von diesem Code Gebrauch zu machen.

Wolfgangs Chef, der Graf Zech von Burkersroda, war kein Nazi. Beide erklärten, dass sie gegen die Nazibonzen zusammenhalten wollten. Zu Putlitz lieferte von Holland aus für die Briten Aufmarschpläne und Stärke der deutschen Truppen. Für den britischen Spion Jona Ustinov war er eine der wichtigsten Quellen.

Putlitz wohnte in einer schönen Villa in Scheveningen. Mit seinem neuen Kabriolett war er in wenigen Minuten in der Gesandtschaft und im Stadtzentrum von Den Haag. Für sein Haus und sein Auto brauchte er einen Menschen, auf den er sich verlassen konnte. Das war der junge Mann Willi Schneider, dem er in London falsche Papiere besorgt hatte, da er in Deutschland vor den Nazis fliehen musste. Das politische Klima war in Holland schlechter als in England. Als im Sommer die deutsche Rüstungsindustrie nach Arbeitskräften verlangte, ließ Gauleiter Bohle, Chef der Auslandsorganisation der Partei in Berlin, kurzerhand allen deutschen und österreichischen Dienstmädchen in Holland die Pässe sperren. Sie bettelten vergeblich, noch kurze Zeit im Ausland bleiben zu dürfen. Hohe Partei- und SS-Offiziere saßen getarnt in der Gesandtschaft. Gegenüber der Gefahr, die der holländischen Regierung von den holländischen Nazis drohte, stellte sich die Regierung in Den Haag blind. In der Gesandtschaft regierten die Nazis.

Zwei deutsche Intelligence-Offiziere erzählten Putlitz, dass sie in Holland Agenten hätten. Sie fügten hinzu, dass Hotels und Restaurants mit Honig gekämmt wären, und sie prahlten, dass sie alle Dokumente, die sie wünschten, in Holland bekommen könnten. Diese Informationen waren aus dem Deutschen Auswärtigen Amt von Putlitz dem Home-Office und dem Direktor der Militärischen Intelligence mitgeteilt worden. Auf das, was in der Gesandtschaft wirklich vorging, hatte Wolfgang wenig Einfluss. Das Einzige, das ihn moralisch aufrecht hielt, war das Bewusstsein, dass er in England Freunde hatte: Jona Ustinov und Vansittart.

Kurze Zeit, nachdem zu Putlitz nach Den Haag versetzt worden war, kam von ihm eine rätselhafte Botschaft nach London, die besagte, dass über eine drastische Aktion nachgedacht wurde. Durch ein Arrangement mit dem S.I.S. schickten wir Wolfgang einen unserer Repräsentanten, um mit ihm in Kontakt zu treten. Er informierte uns, dass ein Papier innerhalb der deutschen Botschaften und Gesandtschaften im Ausland in Umlauf gebracht worden war, welches auf den 3. August datiert und von Ribbentrop unterzeichnet war. Es wurde als „Erlass" bezeichnet und war im typischen Stil Ribbentrops abgefasst. Die Reichweite und die Art des Dokumentes wiesen darauf hin, dass es mit Hitlers Zustimmung herausgegeben war und diesen Inhalt hatte: „Die tschechische Frage muss in Übereinstimmung mit unseren Ansichten vor dem Herbst geklärt sein, und, obgleich wir friedliche Methoden vorziehen, muss ein Krieg ins Auge gefasst werden. Ich gehöre nicht zu denen, die annehmen, dass Frankreich und England sich einmischen werden. Die blitzschnelle Geschwindigkeit unserer Aktion wird jegliche dieser Aktionen vergeblich machen. Sollten sie sich entscheiden, sich in die Auseinandersetzung einzumischen, würde ich betonen, dass die deutschen Streitkräfte viel stärker und besser ausgerüstet sind als 1914 und dass wir als Sieger in einem Krieg hervorgehen werden." -

Soweit diese von Putlitz dem MI 5 übergebenen Notizen.

Der Leiter des Reichspropagandaamtes Ausland hat später, im August 1944, eine Liste mit „Verrätern" des Auswärtigen Amtes an Reichspropagandaminister Goebbels übergeben. In der Liste der „Überläufer" des Auswärtigen Amtes steht wörtlich „Gesandtschaftsrat Wolfgang Gans Edler Herr zu Putlitz, Deutsche Gesandtschaft Den Haag, 1940 zu den Engländern übergelaufen. Führende Rolle im englischen Geheimdienst".


## Kristallnacht in Putlitz


Wolfgang nahm in Den Haag eine kurze Auszeit, weil er schon lange Zeit gedrängt worden war, als ehemaliger Offizier eine Reserveübung der Wehrmacht durchzuführen. Die Übung endete am 9. November 1938. Bei dieser Gelegenheit reiste er nach Hause und erfuhr vom Wüten einer Nazi-

Schlägertruppe im Nachbarort Putlitz in der sog. Kristallnacht.

Die Tochter Paula des Juden Lewin schildert ihre Erlebnisse in ihrer Familie.in dieser Kristallnacht in einem Manuskript. Aus diesem Manuskript sollen Auszüge wörtlich wiedergegeben werden:

„Meine traurige Erinnerung an die Kristallnacht.[43]

9. November 1938, ein Schreckenstag für mich und meine Angehörigen. Wir lebten in der kleinen Stadt Putlitz. Mein Vater war Jude. Er war Uhrmacher, seit 1900 in Putlitz lebend, zuerst als Gehilfe, seit 1910 selbständig. Er hatte ein kleines Geschäft, war 4 Jahre im ersten Weltkrieg gewesen und fing dann ganz klein wieder an. Betrogen, wie später den Juden nachgesagt wurde, hat er Niemanden, er brachte seine Familie mehr recht als schlecht durch. Meine Mutter war keine Jüdin und mein Bruder und ich wurden dann bei Hitler jüdische Mischlinge ersten Grades. Ich war mehrere Jahre in Berlin als Hausangestellte tätig, mein Bruder Theo erlernte 1934 das Bäckerhandwerk. 1933, nach der Machtübernahme Hitlers, verlor ich meine Stellung in Berlin und kam nach Hause. Ich hatte als junges Mädchen schneidern gelernt, meine Mutter konnte auch schneidern. So meldete ich das Schneidergewerbe an. Das Geschäft meines Vaters ging ganz allmählich bergab, denn gegenüber von uns wohnte ein Frisör, der vom Bürgermeister und Ortsgruppenleiter der NS den Auftrag hatte, alle aufzuschreiben, die in unser Haus gingen. Und dann kam es zu der verfluchten Kristallnacht. Bei uns war sie erst am 10. November. An dem Tag holte sich der Ortsgruppenleiter aus Wittenberge und Perleberg einen Schlägertrupp der SA zusammen. Aus Putlitz hätte er wohl

kaum welche zusammen bekommen. Nachmittags gegen 16:00 Uhr hatten sie auf dem Marktplatz eine judenfeindliche Demonstration veranstaltet; trotzdem von Goebbels schon die Aktion abgeblasen war. Wir hatten es selbst in unserem kleinen Volksempfänger gehört. Dann stürmten etwa 15 - 20 dieser Bestien in unser Haus. Obwohl die Haustür nicht verschlossen war, schlugen sie die Schaufensterscheibe ein und kamen da hindurch. Alles, was sich im Laden befand, Uhren und Goldwaren, schütteten sie in Säcke, die Wanduhren nahmen sie von der Wand und schleppten alles ins Rathaus, auch die Kasse. Dann aber nicht genug. Sie zerschlugen im Haus sämtliche Fensterscheiben, schlitzten alle Betten auf, schmissen volle Weckgläser zwischen die Bettfedern und was sie an Lebensmitteln fanden, darauf trampelten sie herum. Sie zerschlugen sämtliches Geschirr. Meine Mutter und mich warf man auf die Straße, meinem Vater schlug man den Kopf blutig; dann setzten sie ihm einen Zylinder auf den blutenden Kopf, stellten ihn vor die Tür, und einer schrie: „Das ist Lewin, das Judenschwein, seht ihn euch an." Meine Mutter weinte und jammerte: „Was sollen wir jetzt bloß machen?" Darauf einer: „Nehmt euch einen Strick und hängt euch auf, wir geben euch einen.

Meinen Vater hatte man inzwischen auf einen mitgebrachten Handwagen geschmissen, und sie wollten ihn nach der Stepenitz fahren, um ihn dort ins Wasser zu werfen. Zum Glück brach unterwegs die Deichsel des Wagens, und da schmiss man meinen Vater auf die Straße. Nachdem dann einer die Lichtleitung zu Hause durchgehauen hatte, und sie sonst nichts mehr sehen konnten wohin sie schlugen, zogen sie laut singend ab: „Wenn das Judenblut vom Messer spritzt, dann geht's noch mal so gut."

Ich ging dann mit meinem Vater spät abends zum Arzt, der keine Angst vor diesen Verbrechern hatte, der nähte die geschlagenen Wunden. Die innerlichen Wunden hat niemand heilen können. Mein Bruder, der damals in Perleberg als junger Bäcker arbeitete, kam am nächsten Tag und war zutiefst erschüttert, denn er wusste so gut wie wir und viele Menschen, dass unser Vater Niemanden betrogen hatte."

Viele Putlitzer haben den Lewins nach diesem grausamen Tag geholfen. Sie gaben ihnen z. B. Geschirr, das die Rowdys vollständig zerschlagen hatten.

Gebhard zu Putlitz, der jüngste Bruder von Wolfgang, ging am nächsten Tag die Straße entlang und sah, wie Frau Lewin die Scherben der zerschlagenen Schaufensterscheibe auf eine Müllschippe kehrte. Im Vorbeigehen ließ er einen Fünfzig-Markschein auf die Müllschippe fallen. Er meinte unbeobachtet zu sein; jedoch, er wurde beobachtet und musste sich zu einem Verhör auf der Polizei melden. Das Verhörprotokoll wurde zur Landesregierung nach Potsdam geschickt. Aber es ging glimpflich aus. Gebhard musste einen einmaligen Sonderbeitrag von 5.000 Mark an das Winterhilfswerk in Putlitz zahlen.[44] Ab dem 10. November wurden etwa 400 Juden ermordet oder in den Suizid getrieben. Ungefähr 30.000 Juden wurden in Konzentrationslagern inhaftiert, von denen hunderte ermordet wurden oder an Haftfolgen starben. Die Pogrome markierten den Übergang von der Diskriminierung der deutschen Juden zur systematischen Verfolgung, die in den Holocaust mündete.

Georg Lewin fuhr nach dem Massaker nach Berlin und tauchte hier unter. Am Kriegsende kam er wieder nach Putlitz und reparierte für seinen Bekanntenkreis Uhren. In der DDR bekam er keine finanzielle Entschädigung. Er erhielt Ende der 1960er Jahre eine Ehrenpension, eine sog. VVN-Rente (Vereinigung der Verfolgten des Naziregimes). Auf Beschluss des Berliner Magistrats gab es seit 1945 an jedem zweiten Sonntag im September einen Gedenktag für die Opfer des Faschismus. Nach der politischen Wende wurde er vom Bund der Antifaschisten organisiert, der ein Teil der Vereinigung der Verfolgten des Naziregimes wurde. Der Tag des Gedenkens an die Opfer des Nationalsozialismus am 27. Januar ist in Deutschland seit 1996 ein bundesweiter gesetzlich verankerter Gedenktag. Dieser Tag wurde von den Vereinten Nationen im Jahre 2005 zum internationalen Gedenktag an die Opfer des Holocaust erklärt.

## Wolfgang zu Putlitz, zurück in Den Haag

Nach diesen Erlebnissen der Kristallnacht waren Gebhard und Wolfgang total verzweifelt. Sollte Gebhard vielleicht enteignet werden?

Wolfgang beantragte drei Tage Sonderurlaub, um mit seinen Freunden in England, Ustinov und Vansittart zu sprechen, was er im Falle eines Krieges, der jetzt als unvermeidlich erkannt wurde, machen solle. Ihm wurde von beiden zugesagt, dass er in England Asyl erhalten würde. Putlitz fuhr beruhigt nach Holland zurück.[45]

## Halbherzigkeit der Engländer gegenüber Hitlers Kriegsvorbereitungen

Innerhalb eines Jahres waren von Nazi-Deutschland zwei souveräne Staaten erobert worden, Österreich und die Tschechoslowakei.[46] Auch wenn Herr Chamberlain jetzt laute Drohungen ertönen ließ; das erschreckte Hitler nicht, wenn auch England den Polen eine Beistandserklärung gab. Nun sollte es Polen an die Gurgel gehen. Mister Chamberlain hatte eine tolle Idee, um nicht den Engländern blutige Hände zu machen. Er schickte eine Abordnung, die kaum kompetente Mitglieder hatte, nach Moskau.

Die Polen verkündeten daraufhin, dass sie niemals sowjetische Hilfstruppen auf polnischem Boden dulden würde. Herr Ribbentrop indessen, hatte einen Nichtangriffspakt mit der Sowjetunion abgeschlossen. Strahlend kam ein großer holländischer Nazi in das Zimmer von Wolfgang zu Putlitz; er sagte ihm: „Der Führer ist und bleibt doch der größte Staatsmann aller Zeiten!" – Für die Sowjetunion war es reiner Selbsterhaltungstrieb, dieses Spiel mitzumachen.

Kurze Zeit darauf schickte Hitler seine Panzer und Bomber nach Polen.[47]

Drei Tage zuvor war Ustinov nach Den Haag gekommen. Er wollte zur Sicherheit, mit Wolfgang weder direkten noch telefonischen Kontakt haben. Deswegen fuhr Willi zu Ustinov. Er bestellte Wolfgang Grüße von Vansittart, der sein Versprechen wiederholte, dass Ustinov in Den Haag bleibt, um Wolfgang nach England zu holen.

## Englische Kriegserklärung gegen Deutschland

Die englische Zurückhaltung gegenüber Hitler war nun vorbei. Chamberlain verkündete: „We are at war with Germany". Alle Verbindungen zwischen Holland und England waren gesperrt. Aber noch vor der Kriegserklärung waren von England kriegswichtige Rohstoffe für Deutschland bereitgestellt.[48] Besonders Angestellte des anglo-holländischen Öl-Trusts Shell zeigten sich bemüht, die Kriegsmaschine Hitlers mit Petroleum zu bedienen.

## Zu Putlitz informiert den britischen Geheimdienst und wird dabei ertappt

Wolfgang schickte auf einem Zettel drei Namen von holländischen Shell-Mitarbeitern und einem Rotterdamer Bankier, die für Hitler geschäftstüchtig arbeiteten, mit Willi zu Ustinov. Er wollte alles tun, um den Kriegsvorbereitungen der Nazis nicht noch Hilfestellungen zu geben. Ustinov sollte diese Information an die richtige Stelle weitergeben. Der britische Geheimdienst saß im Passbüro des britischen Konsulats in Scheveningen. Er wurde von einem Captain Stevens geleitet. Drei Tage, nachdem Willi den Zettel zu Ustinov gebracht hatte, wurde Wolfgang von seinem Chef Zech Burkersroda gefragt, ob er wüsste, dass jemand unter uns mit Captain Stevens in Verbindung steht, denn Schulze-Bernet, ein unter diesem Decknamen fließend holländisch sprechender deutscher Abwehrspezialist, hatte ihm gesagt, dass von unserer Gesandtschaft geheime Nachrichten an Stevens gingen. In der Gesandtschaft saßen getarnt viele Nazis. Viele von ihnen waren durch falsche Namen getarnt. Eingesetzt wurden sie von Schulze-Bernet.[53] Plötzlich stand Schulze-Bernet in Wolfgangs Vorzimmer. An seinem Gesicht erkannte er, dass nichts Gutes zu erwarten war. Er fragte Schulze-Bernet, was denn los wäre. Schulze-Bernet erklärte Wolfgang, dass er natürlich Vertrauensleute bei Stevens hätte, die ihm die drei Namen genannt hatten, die Wolfgang Ustinov gegeben hatte. Diese Namen, sagte Schulze-Bernet, können nur von hier sein. Obwohl Wolfgang das Herz in die Hose gerutscht war, tat er vollkommen unbefangen. Er sagte, dass er keinen Anhaltspunkt hätte, wer diese Herren aus der Deutschen Gesandtschaft sein könnten.

## Putlitz auf der Flucht nach England

Putlitz war in unmittelbarer Gefahr. Nur Ustinov, der noch in der holländischen Botschaft war, konnte helfen. Willi wurde von Wolfgang zu Ustinov geschickt, der ihm diese heikle Situation schilderte. Ustinov benachrichtigte in England sofort Vansittart, den Mitarbeiter Chamberlains. In 24 Stunden müssen wir türmen, sonst sind wir verloren, hatte Putlitz zu Willi gesagt. Vansittart schaffte es, ein Flugzeug zu organisieren.

Der Chef von Wolfgang, Graf Zech-Burckersroda, hatte Wolfgang am 14. September 1939, dem letzten noch möglichen Fluchttag, zum Abendessen eingeladen. Putlitz kam nicht. Der Graf informierte die Haager Polizei. Ein Inspektor, zusammen mit Angehörigen der deutschen Polizei, suchten eilig das Haus auf, in dem zu Putlitz wohnte. Es wurde entschieden, das Haus gründlich zu durchsuchen, falls Putlitz am nächsten Morgen nicht in seinem Büro erscheinen sollte. Er erschien nicht im Büro. Die Durchsuchung wurde durchgeführt und ein Protokoll darüber enthält folgende Aussagen:[49] „Es schien, als ob der vierzig Jahre alte zu Putlitz, das Haus in Eile verlassen hatte. Der Frühstückstisch war nicht gesäubert, drei schmutzige Teller standen noch auf dem Tisch. Einen Teller davon hatte wahrscheinlich sein 27 Jahre alter Diener Willi benutzt. In Willis Zimmer ließ ein Brief, den man dort fand, erkennen, dass er homosexuell war. Mehrere Umstände gaben der Polizei Gründe anzunehmen, dass zu Putlitz ein sexuelles Verhältnis zum Diener hatte. Willi hatte seine üblichen Aufgaben in der Wohnung nicht erledigt; der Tisch war nicht gewischt und die Betten nicht gemacht. Fotos der Eltern Wolfgangs waren aus den Rahmen genommen. Im Ofen waren Papiere verbrannt und es schien, dass zwei Köfferchen und ein Teil der Garderobe beider Männer nicht mehr vorhanden waren. Putlitz und Willi waren verschwunden."[50] Sie waren glücklich auf einem kleinen Militärflugplatz nahe London gelandet. Ein junger Zivilist, Dick White, begrüßte die beiden und brachte sie mit dem Auto nach London.

**Reaktionen auf die Flucht von zu Putlitz in seiner Heimat**

Unmittelbar nach der Flucht hatte die Gestapo in Laaske Hausdurchsuchungen und Vernehmungen durchgeführt. Es wurde jedoch niemand eingesperrt. Die beiden Vorwerke von Laaske, die Wolfgang gehörten, wurden beschlagnahmt und zugunsten des Landes Preußen einbezogen. Grundlage dafür war das Gesetz zur Einziehung volks- und staatsfeindlichen Vermögens. Die Hitlerfeindlichkeit des prominenten Diplomaten sollte weitesgehend geheim gehalten werden. Es gibt einen „Vermerk" des Regierungspräsidenten über ein fernmündliches Gespräch am 17. Oktober 1942 mit der geheimen Staatspolizei in Potsdam, in dem die Frage gestellt wird, in wieweit die Angelegenheit des Wolfgang zu Putlitz noch als geheim zu behandeln ist. Man vereinbarte, die Vorgänge, soweit sie die Beschlagnahme des Vermögens betreffen, mit „geheim" unter Verschluss zu nehmen und die anderen Vorgänge nicht mehr unter „geheim" zu führen. Dieser Vermerk war unterschrieben: Betrifft Reichsfeind Wolfgang Gans Edler Herr zu Putlitz.

Sein Bruder Gebhard pachtete die Vorwerke dem Reich wieder ab, sodass sich an der Wirtschaft nichts änderte. Die Nazis gaben als Grund für das weitere Bewirtschaften der Vorwerke durch Gebhard zu Putlitz an, dass dieser als tüchtiger Landwirt galt und die Schlacht auch an der Ernährungsfront gewonnen werden müsste.

Am 9. November.1944 wurde Gebhard unter dem Vorwurf einer staatsfeindlichen Einstellung und der Verbreitung von Feindnachrichten verhaftet und in das Gestapogefängnis Potsdam eingeliefert. Er war dort Misshandlungen ausgesetzt und kehrte aus dieser Haft schwer unter Angina Pectoris erkrankt zurück. Sofort nach der Verhaftung wurde von den Nazis zum Verwalter ein Arbeiter des Gutes ernannt, der sich nach Aussage seiner Nichte ganz furchtbar aufgeführt haben soll. Diese Nichte hat Gebhards Sohn berichtet, er habe die Fremdarbeiter, aber auch insbesondere seine eigenen Verwandten besonders schlecht behandelt. Gebhard wurde am

Ende des Krieges deshalb vorzeitig aus der Haft entlassen, weil Potsdam und Berlin unentwegt bombardiert wurden." [51]

## Wolfgang zu Putlitz in England

Im Frühjahr 1940 wurde im Reichssicherheitshauptamt (RSHA) in Berlin ein umfangreiches Verzeichnis mit Namen und Personalien von 2820 Personen, eine sog. Sonderfahndungsliste Großbritannien zusammengestellt. Diese Personen sollten nach einer erfolgreichen Invasion der britischen Inseln durch die deutsche Wehrmacht sofort von Sondereinheiten der SS aufgespürt und verhaftet werden. Diese Sonderfahndungsliste, im englischsprachigen Raum wurde sie als „The Black Book" bezeichnet, wurde 1945 von den alliierten Besatzungstruppen in den Ruinen des RSHA gefunden. In der Personenliste lesen wir unter P 139, Wolfgang Gans Edler Herr zu Putlitz: Ehemaliger Legationsrat bei der Deutschen Botschaft, gesucht von Referat IVE 4.

Wolfgang war inzwischen mit Willi bei seinen Freunden untergekommen.[52] Obwohl England mit Deutschland im Kriegszustand war, bestand gegen die Deutschen kein Hass. Als aber die Deutschen im Frühjahr 1940 in Dänemark und Norwegen einfielen, gab es in England ein Erwachen. Chamberlains Appeasement-Haltung, sowie die anfänglichen Misserfolge im zweiten Weltkrieg, vor allem die deutsche Besetzung Norwegens, veranlassten Chamberlain am 10. Mai 1940, dem ersten Tag des Westfeldzug-Einmarsches der Wehrmacht in den Niederlanden, Belgien und Luxemburg, zum Rücktritt. Sein Nachfolger wurde Winston Churchill. Er war der bekannteste Gegner der Appeasement-Politik. Churchill führte Großbritannien von 1940 bis 1945 durch den zweiten Weltkrieg und war einer, der an der Spitze der Hauptmächte der Antihitlerkoalition gestanden hatte.

## Auswanderung nach Jamaika und den USA

In England brach Panik aus. Jeder Deutsche wurde als Spion verdächtigt und wahllos verhaftet. [53] Unter diesen Umständen konnten Wolfgang und Willi nicht in England bleiben. Sie mussten auswandern. Es war schwierig ein amerikanisches Einreisevisum zu bekommen. Die Einwanderungsquoten nach Amerika waren für Jahre ausgebucht. Wolfgang beriet sich mit Ustinov, und sie wollten versuchen, für eine englische karibische Insel, die in der Nähe der Vereinigten Staaten von Amerika lag, ein Visum zu bekommen. Nur der Gouverneur von Jamaika war bereit, sie aufzunehmen. Dort wurden sie in einem Barackenlager untergebracht und von Kanadiern bewacht. Sogar Stacheldraht wurde um die Baracke gelegt. Der Gouverneur und seine Bekannten erwiesen sich als freundliche Menschen, von denen sie oft eingeladen wurden. Mit den kanadischen Soldaten machten sie Ausflüge in die schöne Bergwelt. Aber es war eine nutzlose Zeit. Vom Gouverneur hatte Wolfgang eine Schreibmaschine bekommen und schrieb Artikel über sein Leben. Er hoffte, sie in amerikanischen Zeitungen unterzubringen. Es war kein anderer Gelderwerb möglich.

Seine Artikel schickte er an einen alten Bekannten in Washington, den er bat, irgendeinen Publizisten für seine

Artikel zu interessieren. Er wartete Monate auf eine Antwort. Eines Tages hielt vor ihrer Baracke ein Gouvernementauto. [54]

Ein prominenter Besucher aus den Vereinigten Staaten mit seiner Frau wurde angekündigt. Er, Herr Levine, stellte sich als einer der bekanntesten und erfolgreichsten Publizisten von New York vor. Er hatte die Aufzeichnungen von Wolfgang gelesen und meinte, dass man daraus einen Bucherfolg machen könnte, wenn es im amerikanischen Stil umfrisiert wird. Nur, gab Wolfgang zu bedenken, dass Herr Levine wohl nicht im goldenen Käfig von Jamaika mit ihm zusammenarbeiten wolle. Herr Levine hatte daran gedacht, Wolfgang und Willi ein Einreisevisum in die USA zu besorgen. Das ging alles in Ordnung; jedoch merkte Wolfgang, dass Herr Levine ihn als Zentralfigur für eine Sensationsgeschichte benutzen wollte. Und da spielte er nicht mit. Er verabschiedete sich von diesem Herrn. Sein Geld war inzwischen aufgebraucht, und er machte alle nur möglichen Gelegenheitsarbeiten. Das ging vom Erntehelfer bei einer bekannten Dame bis zu Übersetzungen und Veröffentlichungen einiger Artikel. Willi bekam in einem Washingtoner Klub Arbeit. Dadurch konnten sie einigermaßen auf eigenen Füßen stehen. In Amerika war vom Krieg nichts zu merken.

Die Amerikaner lebten ein ruhiges, vergnügliches Leben. Dann kam der Überfall der Japaner auf die amerikanische Flotte in Pearl Harbour. Die Amerikaner waren auf die Japaner ungeheuer wütend. Und der „große" Feldherr Hitler erklärte 1941, dass der Krieg gegen die Sowjetunion bereits gewonnen wäre. In seiner Großmannssucht kam es ihm nicht mehr darauf an, nun auch den Amerikanern den Krieg zu erklären. Damit wurden die in Amerika lebenden Deutschen zu feindlichen Ausländern. Die Deutschen wünschten den

Amerikanern den Sieg. Sie konnten sich jedoch nicht an den chauvinistischen Kriegszielen begeistern z.B. für Deutschland den „american way of life" oder gar den Morgenthau-Plan, nach dem ganz Deutschland in einen Kartoffelacker verwandelt werden sollte.[55]

Von einer demokratischen Neuordnung in Deutschland oder einem Appell an die demokratischen Kräfte Deutschlands wollte man nichts wissen.[56]

Bald nach Kriegsausbruch wurde ein Kurzwellensender eingerichtet, der deutsche Sendungen von Emigranten nach Deutschland strahlte und aufrief, alles zu tun, um den Krieg zu beenden. Wolfgang nahm das Angebot an, an den Sendungen mitzuarbeiten. Er meinte allerdings, dass dieser Sender in Deutschland kaum gehört wurde.

Dann konnte er an eine Agentur, die Vortragsreisen organisierte, vermittelt werden. Dadurch hatte Wolfgang zufriedenstellende Einnahmen. Viele deutsche Emigranten, die vor den Nationalsozialisten in die Vereinigten Staaten geflüchtet waren, versuchten, ein Komitee zur gemeinsamen Interessenvertretung gegenüber den Alliierten und zum Kampf gegen das Hitlerregime zu gründen. Ursprünglich meinte man, dass das amerikanische Außenministerium solche Bestrebungen ablehnte, später musste man diese Meinung korrigieren. Wolfgang zu Putlitz war Mitglied der Kommission zur Beratung der amerikanischen Regierung in Fragen der politischen Strategie gegenüber deutschlandpolitischen Problemen.

Sein Herz zersprang ihm fast vor Freude, als er von der entscheidenden Schlacht von Stalingrad hörte. Und dann stimmte ihn die Nachricht von der Bildung des Nationalkomitees „Freies Deutschland" in Moskau noch einmal ungeheuer freudig. Das Nationalkomitee war ein Zusammenschluss von kriegsgefangenen deutschen Soldaten und Offizieren und kommunistischen deutschen Emigranten. Es diente der Schaffung einer breiten Volksfront gegen Hitler, ungeachtet der politischen Herkunft der Beteiligten. Wolfgang schrieb eine Grußbotschaft an das Nationalkomitee, die er mit der Bitte sie weiterzuleiten, zum sowjetischen Konsulat in New York brachte. Willi war sehr aufgeregt, und er schlug vor zu versuchen, ob er nicht mit Wolfgang in die Sowjetunion ausreisen könnte. Diesen Wunsch konnte der sowjetische Konsul, mit dem Wolfgang ein langes Gespräch geführt hatte, zurzeit leider nicht gewähren.

Allerdings führte die Gründung des Nationalkomitees Freies Deutschland (NKFD) und des Bundes Deutscher Offiziere in der Sowjetunion im Sommer 1943 zur Bewegung in den deutschen Emigrantengruppen in den USA. Es gab Vorstellungen, auch hier eine Emigrantenorganisation zu gründen. Sie sollte entweder eine Imitation des NKFD oder ein Konkurrenzunternehmen sein. Jedoch im Frühsommer 1943 hatte das amerikanische Außenministerium Überlegungen angestellt, eine Gruppe von deutschen Politikern als Gegenpol zu einer kommunistischen Machtkonzentration im Nachkriegsdeutschland zu bilden, um kommunistischen Einfluss in der Bildung eines Nachkriegsdeutschlands zu verhindern. Mit amerikanischer Hilfe und später mit der Regierung Adenauer war diese Politik in den westlichen Bundesländern schließlich erfolgreich.

## Zurück nach England

Das Leben in Amerika war für Wolfgang immer nutzloser. Die ewigen Vorträge langweilten ihn. Ihm erschien das Leben in England erstrebenswerter. Damit verbunden war sein Wunsch, zum Kriegsende näher der Heimat zu sein. Deswegen schrieb er im Frühjahr 1943 einen Brief an Vansittard mit der Frage, ob ihm und Willi eine Einreise nach England ermöglicht werden könnte. Im November kam die Antwort. Ihm wurde ein Einreisevisum genehmigt, aber nicht für Willi, der eine Stellung in Florida bekommen hatte. In England angekommen, konnte er auf Vorschlag eines Bekannten aufs Land fahren, wo englische Rundfunksendungen nach Deutschland erarbeitet wurden. Der Leiter dieser Sendungen war Sefton Delmer. Wolfgang kannte ihn. Er war der ehemalige Berliner Korrespondent des Daily Express. Wolfgang hielt ihn für einen Hitlerfreund. Wahrscheinlich hatte er sich nur verstellt. Für Wolfgang bestand die Möglichkeit, Geld zu verdienen.

## Beim britischen Geheimdienst, windet sich aber geschickt heraus

Im Jahre 1941 war Delmer vom Foreign Office in die Abteilung des Deutschlanddienstes des BBC abkommandiert worden.[57] Er richtete für die psychologische Kriegsführung mehrere Rundfunksender ein. Seine Mitarbeiter waren u.a. politisch und rassistisch verfolgte Emigranten. Sie wurden vorwiegend in den Abteilungen der „psychologischen Kriegsführung" tätig. Zu diesen Mitarbeitern gehörte auch Wolfgang zu Putlitz.[57] Sie sollten als Verfasser, Lektoren und Sprecher Rundfunksendungen vorbereiten und senden. Berichte, die aus den Kreisen des deutschen Widerstandes eingingen, sollten verwertet werden. Laufend kamen die vom britischen Intelligence Service auf dem Kontinent gesammelten Nachrichten herein, die frisiert wurden und enorme Verwirrung anrichteten. Sie sollten den letzten Rest von Moral in Deutschland zerstören. Dieses Spiel sollte Wolfgang im „Soldatensender Calais" mitspielen. Delmer, sagte Wolfgang, regierte mit ausgesprochen diktatorischer Art und behandelte seine Leute wie Kulis. Er ließ kein echtes deutsches patriotisches Wort in seinen Sendungen nach Deutschland zu.

Aber, schreibt Putlitz in seinem Buch „Unterwegs nach Deutschland", bald dämmerte es ihm, dass er hier ins Netz des britischen Geheimdienstes geraten war.

Wolfgang wollte weder ein Agent noch unehrlich werden und sich diesen Methoden Delmers nicht fügen. Er verstellte sich als schlechter Sprecher, so dass Delmer meinte, mit ihm wäre Hopfen und Malz verloren. Wie ein Maulesel und dumm wie ein Ochse hat Wolfgang im Delmerschen Saftladen gesessen und vom ersten bis letzten Tag keinen Handschlag gemacht.

Er erlebte in England, wie die britischen Bombengeschwader Tod und Verderben nach Deutschland brachten. Zu seiner Familie waren die postalischen Verbindungen über die Schweiz abgebrochen. Es war eine trostlose Zeit, die er im letzten Kriegsjahr verbrachte. Aber auch diese Zeit ging zu Ende und Delmers Organisation wurde aufgelöst.

## Das Kriegsende

Auf Anfrage des Kriegsministeriums erklärte sich von Putlitz bereit, in deutschen Kriegs-Gefangenenlagern Vorträge
zu halten. Er wollte dort die Stimmung erkunden.

In einem Lager ehemaliger Deutscher Offiziere begegneten
ihm die meisten mit kühler verlogener Höflichkeit und ließen
ihn merken, dass sie mit einem Menschen ihrer Klasse, der
seinen Fahneneid gebrochen hat und zum Feind desertiert ist,
nichts zu tun haben wollten. Daraufhin ist er nur zu Mann-
schaftslagern gefahren, in denen der Empfang unterschiedlich war. Mit den meisten Gefangenen in diesen Lagern führte er gute, interessante Diskussionen.

## Zurück nach Deutschland

Eines Tages erhielt er einen Brief von seiner Schwester
Armgard aus Putlitz in dem sie ihren Bruder bat, ihnen in
tiefstem Elend zu helfen. Er bemühte sich immer wieder,
nach Deutschland fahren zu dürfen. doch vergebens. Im Januar 1946 bekam er endlich die Erlaubnis. Nach sieben Jahren
war er wieder in Deutschland. Aber er durfte nicht nach Berlin fahren. Durch einen Zufall erfuhr er, dass sein Bruder
Walter aus Italien zurückgekehrt war und in Holstein auf
einem Gut lebte und arbeitete.[58] Gab es hier für Wolfgang
eine Arbeit?

# Oberregierungsrat in der Präsidialkanzlei in Schleswig-Holstein

Als 1946 der preußische Staat und seine Provinzen aufgelöst wurden, schlug die Geburtsstunde des Landes Schleswig-Holstein.[59] Dr. Theodor Steltzer war von der britischen Militärregierung als Oberpräsident der Provinz eingesetzt worden. Er wurde der erste Ministerpräsident des Landes und regierte von 1945 bis 1947. Seine ursprüngliche berufliche Entwicklung begann im Jahre 1904 als Offiziersanwärter in der Infanterie. Nach Ausbruch des zweiten Weltkrieges wurde er Transportoffizier. Er wollte seine Arbeit nicht in den Dienst von Hitler stellen. Von Oslo half er 1941 bei der Organisation einer Massenflucht von norwegischen und dänischen Juden in das neutrale Schweden. Er knüpfte zu dieser Zeit Verbindungen zum Kreisauer Kreis, insbesondere zu Helmuth James von Moltke. Nach dem Hitlerattentat am 20. Juli 1944 wurde er verhaftet und 1945 vom Volksgerichtshof zum Tode verurteilt. Durch Fürsprache finnischer und schwedische Freunde wurde ein Aufschub seiner Hinrichtung erreicht. Was für ein Glück! Am 24. April 1945 wurde er aus der Haft entlassen.

Von englischen Freunden wusste Wolfgang, dass Dr. Steltzer Ministerpräsident in Schleswig-Holstein war. Er versuchte in der Landesbehörde in Kiel eine Anstellung zu bekommen und bat Freunde, mit Dr. Steltzer in Verbindung gebracht zu werden. Dr. Steltzer empfing ihn freundlich. Er wurde als Oberregierungsrat in der Präsidialkanzlei in Kiel angestellt. Bevor er die Anstellungsurkunde erhielt, musste er ein Entnazifizierungsverfahren über sich ergehen lassen.[60] Der Sekretär des Entnazifizierungsausschusses war ein früherer Konsularbeamter und Amtsverwalter der NSDAP bei der deutschen Gesandtschaft in Sofia.[61] Im Sekretariat des Zonenbeirates wurde Wolfgang von dem bekannten Herbert Blankenhorn empfangen, einem treuen Diener des Naziregimes. Sogar der Gestapochef der deutschen Botschaft in London, Mittelhaus, hatte ein Päckchen in seinem Fach gefunden : als Polizeichef. Auf die verwunderte Frage von Putlitz in Bezug auf seine Tätigkeit antwortete man ihm ohne Umschweife: „Wir brauchen gute deutsche Beamte." Im März 1951 beschloss der CDU-geführte Wahlblock des Parlamentes gegen den Protest der SPD das Gesetz zur „Beendigung der Entnazifizierung". Vorher belastete Nazis wurden freigestellt. Der Weg für die Rückkehr ehemaliger NSDAP-Mitglieder in höchste Ämter war möglich. Die neue Regierung wurde als Koalition von SS, SA und NSDAP angegriffen. Der CDU-Innenminister Pagel teilte diese Kritik.

War Putlitz als bekannter Vertrauensmann der Besatzungsmacht und Kenner vieler „Nazikollegen" in dieser Position auf Dauer in diesem renazifizierten Bundesland gelitten? Machen wir einen Rückblick auf die politischen Verhältnisse in Schleswig-Holstein vor Kriegsende und in der Nachkriegszeit.

## Probleme in der Landesregierung Schleswig-Holstein

Schleswig-Holstein war viele Jahre eine Hochburg des Nationalsozialismus. Bei den Wahlen zum Reichstag wählten

1932 51 % die NSDAP (im gesamten deutschen Reich 37,4 %). Im Jahre 1933 wählten 53 % die NSDAP (im gesamten deutschen Reich 43,9 %).

In Schleswig-Holstein gab es einige Außenlager des KZ Neuengamme. Sowjetische Kriegsgefangene vegetierten hier in erbärmlichem Zustand. Sie wurden nur unzureichend ernährt. Bis 1959 konnte Werner Heyde, ein ehemaliger Leiter des Euthanasieprogramms, der zum Massenmörder geworden war, unter dem Namen Sawade in Flensburg als Arzt praktizieren. Im Jahre 1961 benannte ein Untersuchungsausschuss in seinem Abschlussbericht achtzehn Personen aus Justiz, Verwaltung und Medien, die über Sawades Identität informiert waren.

Vor seinem Suizid hatte Hitler den Großadmiral Dönitz zu seinem Nachfolger bestimmt, der am 2. Mai 1945 in Schleswig-Holstein noch die Regierung übernahm. Auf der letzten Kabinettsitzung dieser Regierung, am 23. Mai 1945, trat sie zurück. Den Ministern wurde freigestellt unterzutauchen, da ihr Eid auf den Führer nun erloschen sei. Himmler hatte sich in dieser Regierungszeit mit Gesinnungsgenossen getroffen. Sie verteilten in großen Mengen falsche Personalpapiere. Die Regierungsmitglieder wurden am Tage ihres Rücktritts von den alliierten Soldaten verhaftet. Die bedingungslose Kapitulation war bereits in der Nacht vom 8. zum 9. Mai 1945 in Berlin Karlshorst erfolgt.

Wolfgangs Arbeitsstelle in der Kanzlei des Ministerpräsidenten Dr. Steltzer von Schleswig-Holstein befand sich im Kieler Schloss. Ein Teil der Gebäude bestand aus Ruinen und einige stehengebliebene Flügel wurden zu Büroräumen hergerichtet. Wolfgang hatte in seiner Arbeitsstelle wenig zu tun. Er wurde häufig zu Dolmetscherarbeiten eingesetzt. Seine

Arbeit empfand er als sinn- und aussichtslos. Als er einen ihm gut bekannten ehemaligen amerikanischen Diplomaten traf, der ihm in Berlin, im neu zu errichtenden deutschen Konsular-Amt eine Arbeitsstelle in Aussicht stellte, wollte er sofort zugreifen. Von der Kieler Behörde bekam er die Zustimmung, einen befristeten Urlaubsantrag zu stellen, da er nach England reisen wollte, um mit diesem Diplomaten die Einstellung in Berlin zu besprechen. Vor seiner Abreise erhielt er von seinem Regierungschef ein offizielles Papier, das den Oberregierungsrat Wolfgang Gans Edler Herr zu Putlitz zum Beamten auf Lebenszeit ernannte. Doch nach einigen Tagen erhielt er die enttäuschende Nachricht, dass sich die Errichtung eines gesamtdeutschen Konsular-Amtes in Berlin zerschlagen hatte. Er sah sich in der Zwangslage, wieder nach Kiel zurückzukehren. Kurz darauf erhielt er von seinem Bruder Walter die Nachricht, dass man erzähle, ihn in Kiel rausgeschmissen zu haben.[62] In der Personalakte Putlitz des Landesarchivs von Schleswig Holstein ist formuliert: Auf der Sitzung der Landesregierung am 15. April 1947 hat Ministerpräsident Steltzer das Kabinett informiert, „dass der in den Diensten der Landesregierung stehende Oberregierungsrat Dr. zu Putlitz sich als Agent des englischen Geheimdienstes herausgestellt habe und danach, sowie mit Rücksicht auf sein Vorleben nicht mehr in den Dienst der Landesregierung zurückkehren könne. Er habe dem Innenministerium Anweisung gegeben, Dr. zu Putlitz ab 1.1.1947 nicht mehr als in den Diensten der Landesverwaltung stehend anzusehen." Die Landesregierung war mit dieser Anweisung des Ministerpräsidenten einstimmig einverstanden und nach den Unterlagen in der Akte wurde auch entsprechend verfahren.

Bei Herrn Dr. Steltzer erkundigte sich Wolfgang, ob das stimme. Die Antwort erhielt die kurze Mitteilung des Innenministeriums, dass das Kieler Kabinett einstimmig festgestellt hätte, dass zu Putlitz wegen seiner fragwürdigen Vergangenheit als Beamter nicht tragbar wäre.[63] Diese Information erhielt er etwa vierzehn Tage nach der Beglaubigung zur Ernennung zum Beamten auf Lebenszeit.

Der Grund für diese Ablehnung, sagte ihm sein Chef ist, dass inzwischen Kollegen aus dem Auswärtigen Amt aus Internierungslagern herausgekommen sind, die Dinge über zu Putlitz während der Tätigkeit in Holland erzählt hätten, die den holsteinischen Kollegen den Eindruck gegeben hätten, er wäre als Spitzel in die Präsidialkanzlei eingestellt worden. Schließlich wand man sich hin und her und meinte, das wäre alles ein Missverständnis gewesen, und er wurde wieder in Gnaden als Oberregierungsrat aufgenommen.

In einem „Spiegelartikel" wurde wenige Jahre nach Kriegsende in einem Artikel aus dem „Düsseldorfer Industriekurier" gegen Putlitz gehetzt:[64] „Vielmehr sei der märkische Edelmann ein ganz gesinnungsloser Agent gewesen, der mal für die Tschechen und Briten und die Russen und Amerikaner spioniert habe."... „Nach dem Kriege habe er eine kurze Gastrolle bei der Kieler Regierung gegeben. Aber da er dort als Landesverräter nicht sonderlich geachtet wurde, entschloss er sich, nach England zurückzugehen." In dieser Form hetzte man gegen zu Putlitz. Seine Tätigkeit im Widerstand gegen Hitler wollte man nicht erkennen.

Dieses Spiel wollte Wolfgang zu Putlitz nicht mitspielen. Er sah keinen anderen Ausweg und schrieb am ersten Oktober die Kündigung an die Kieler Behörde.

Was sollte Wolfgang jetzt machen?

## Verhaftung und Gefängnis des Bruders in Putlitz

In dieser Zeit passierte etwas, das ihn und seinen Bruder Gebhard vollkommen in Ungewissheit versetzte.[65] Gebhard kam mit seiner Mutter auf Besuch zu Wolfgang, da sie als ehemalige Besitzerin von Laaske ausgewiesen wurde. Sie konnte bei ihrem Sohn in Schleswig-Holstein wohnen. Auch Gebhard hatte den Befehl bekommen, Putlitz zu verlassen. Vom damaligen Perleberger Landrat bekam er allerdings die Mitteilung, dass er Aufschub bekäme und die Möglichkeit bestände, den Befehl der Ausweisung überhaupt zu annullieren. Die Ungewissheit auf seinem Gut in Putlitz-Burghof zu bleiben, war sehr groß. Als er zurück nach Hause kam, wurde er verhaftet. Gebhard war nicht der Einzige, der auf der Liste der Verhafteten stand. Herr Glaser aus Putlitz hat später Gebhard zu Putlitz, dem Sohn des Inhaftierten geschildert, wie es bei der Verhaftung vor sich ging: Den Häftlingen wurde ein für sie unverständliches, weil auf Russisch geschriebenes Geständnis vorgelegt. Dann wurden sie so lange geschlagen, bis sie unterschrieben. Wenn sie nicht unterschrieben hätten, wären sie totgeprügelt worden. Gebhard zu Putlitz wurde angeklagt, er habe Fremdarbeiter mit Fäusten und einem eisenbeschlagenen Stock verprügelt. Seinen unterstellten Inspektoren habe er befohlen, russische Bürger zu schlagen und aus Spott und Hohn veranlasst, russischen Fremdarbeiterinnen mit einem Gerät zur Pferdeschur die Köpfe zu scheren und dann mit Petroleum einzureiben. Bezeichnend für diese willkürlich erfundene Anklage ist die

Tatsache, dass als Hauptzeuge ausgerechnet der ehemalige Vorarbeiter angegeben ist, der unter den Nazis als Verwalter auf dem Burghof verbleiben durfte. Er war nach der Verhaftung von Gebhard am 9. November 1944 von der Gestapo bis zum Kriegsende als Zwangsverwalter des Gutes Burghof eingesetzt worden. Dieser „alte-neue" Verwalter hatte allen Grund, den Russen gegenüber willfährig zu sein, um von seiner Nazivergangenheit abzulenken.

## Zu Putlitz geht nach England und wird Engländer

Wolfgang fuhr nach England zurück, sprach mit Dick White und sagte ihm. „Dick, ich habe mein Vaterland endgültig verloren." Dick besorgte ihm nach kurzer Zeit einen britischen Pass. Wolfgang fühlte sich als Engländer unwohl und empfand es selbst nicht als richtigen Weg seinen Konflikt zu lösen

## Wolfgang zu Putlitz beim Nürnberger Kriegsverbrecherprozess

Die erste Reise von England führte ihn wieder nach Deutschland. Hier sollte er beim Kriegsverbrecherprozess in Nürnberg aussagen.[66] Im Jahre 1948 machte er als Zeuge der Anklage vor dem amerikanischen Militärgericht gegen Kriegsverbrecher im deutschen Nazi-Außenministerium Aussagen. Die Nürnberger Prozesse umfassen die Prozesse gegen die Hauptkriegsverbrecher und weitere zwölf sog.

Nachfolgeprozesse vor US-amerikanischen Militärgerichten. In diesen Nachfolgeprozessen wurden 185 Personen angeklagt; dazu gehörten Ärzte und Juristen, Mitglieder von SS und Polizei, Industrielle und Manager, militärische Führer, Minister und hohe Regierungsvertreter. Letztere wurden dem Fall II und XI zugeordnet. Der Fall XI war der sog. „Wilhelmstraßenprozess", zu dem Mitarbeiter des Auswärtigen Amtes und anderer Ministerien gehörten. Das war unter Hitler die Arbeitsstelle von zu Putlitz. Dieser „Wilhelmstraßenprozess" dauerte vom 4. November 1947 bis 14. April 1949. Wolfgang zu Putlitz wurde im Fall XI als Zeuge der Anklage am 19. März 1948 verhört. Er hat gegen die Angeklagten Bohle und Keppler ausgesagt.[67] Das haben ihm seine „alten" Kameraden nie verziehen. Die Kreuzverhöre führten Dr. Lewis und Dr. Gombel.

Bohle war ein Gönner Heinrich Himmlers, der ihn bereits 1936 in die SS aufgenommen hatte und ihn am 21. Juni 1943 zum SS-Obergruppenführer ernannte. Auch zu Goebbels hatte Bohle ein freundschaftliches Verhältnis. Er baute ein eigenes Reichspropagandaamt Ausland auf. Bohle war der einzige Angeklagte, der sich in einem der Anklagepunkte für schuldig bekannte. Sein Eingeständnis war die Bestätigung seiner Mitgliedschaft in der SS und im Führungskorps der Partei. Das konnte sowieso kein Blinder mehr vom Tisch wischen. Angesichts der Tatsache, dass die Anklage die meisten Punkte gegen ihn aus Mangel an Beweisen fallen lassen musste und nur Punkt VIII, – Mitgliedschaft in verbrecherischen Organisationen – übrigblieb, wozu er sich bekannt hatte, fiel die Strafe mit fünf Jahren Gefängnis relativ hoch aus.

Nach seiner Amtseinführung ordnete der amerikanische Hochkommissar John Mc Cloy im Dezember 1949 an, bestimmte Häftlinge auf Grund guter Führung vorzeitig aus dem Landsberger Gefängnis zu entlassen. Für jeden Monat, in dem ein Gefangener sich kooperativ zeigte, wurde die Strafzeit um fünf Tage verkürzt. Diese Regelung brachte Ernst Wilhelm Bohle die sofortige Entlassung ein.

Keppler war nach der Ernennung Ribbentrops zum Außenminister als Staatssekretär zur besonderen Verwendung ernannt worden. Seit 1936 unterstand ihm die Abteilung zur Beschaffung kriegswichtiger Rohstoffe. In dieser Funktion war er zum Reichsbeauftragten für Österreich ernannt worden. Der Anschluss Österreichs an das Deutsche Reich war gut vorbereitet. Der SS-Gruppenführer Keppler hatte die Aktion mit Göring telefonisch koordiniert. Das Auswärtige Amt „war zu jedem Zeitpunkt in die Vorbereitung und den Vollzug der Aktion involviert." Das Gericht verurteilte Keppler für seine Rolle beim „Anschluss" Österreichs und dem Angriff auf die Tschechoslowakei. Seine Verurteilung wegen Menschlichkeitsverbrechen und Plünderungen lässt erkennen, dass er ursprünglich für einen Wirtschaftsprozess vorgesehen war. Auf Grund seiner Mitgliedschaft in der SS, zum Schluss im Rang eines Obergruppenführers, wurde Keppler schließlich auch für Organisationsverbrechen schuldig gesprochen. Keppler ist zu 10 Jahren Haft verurteilt worden. Tatsächlich wurde er schon nach drei Jahren Haft entlassen.

Nun einige Bemerkungen zum Inhalt des Kreuzverhöres von Wolfgang zu Putlitz durch Frau Dr. Gombel, die die Verteidigerin von Bohle war. Wollte sie Wolfgang zu Putlitz mit ihren Fragen verunsichern, wollte sie ihm Unwahrheit in seiner Stellung als Nazi und deutscher Kriegsgegner vorwerfen und damit das Recht nehmen, gegen Bohle und Keppler auszusagen? Sie wollte W. zu Putlitz als unglaubwürdige Person darstellen. – Putlitz hatte zu Beginn des Kreuzverhöres gesagt, dass er aus Vaterlandsliebe im September 1939 die Flucht aus Holland ergriffen hatte. Dr. Gombel fragte ihn, warum er aus der Regierung des Landes Schleswig-Holstein ausgeschieden wäre, denn er wäre von 1945 bis 1947 Mitglied dieser Landesregierung gewesen, in einer Zeit, als sie vom Patrioten und Kämpfer der Aktion des 20. Juli, Dr. Steltzer geleitet wurde. Wolfgang antwortete ihr: „Weil nach meinem Verschwinden von Holland die Nazibehörden, wie üblich in Fällen, wenn sie Widerstand vermuteten, einen Feind vermuteten und über mich die unwahrscheinlichsten Gerüchte in die Welt gesetzt haben, die mich als Lumpen und Verbrecher darstellen sollten; natürlich um bei meinen zurückgebliebenen Kollegen den Wert meiner Handlungsweise herabzusetzen. Mit diesen Anwürfen habe ich mich herumschlagen müssen. Ich sagte, wenn es den Gerichtshof interessiert, ich habe hier eine Kopie eines Briefes des erwähnten Ministerpräsidenten Steltzer, aus dem ich vielleicht die drei entscheidenden Sätze, weil ich auf Darstellung der Sache gedrungen habe, vorlesen darf.[68] Herr Steltzer schreibt hier seine persönliche Überzeugung, nachdem er die Nachforschungen angestellt hat, Folgendes: Erstens: Die entscheidenden Triebkräfte des Dr. zu Putlitz sind auf seine grundsätzliche Gegnerschaft gegen den Nationalsozialismus zurückzuführen. Zweitens: Dr. zu Putlitz hat nicht irgendwie zu seinem wirtschaftlichen Vorteil gehandelt. Drittens: Für die oben erwähnten Gerüchte können keine glaubhaften Zeugen ermittelt werden."

Dann fragte Frau Dr. Gombel: „Warum sind Sie trotz dieses Zeugnisses des Herrn Ministerpräsidenten ausgeschieden?" Wolfgang zu Putlitz: „Weil sie mich rausgeschmissen haben. Das Zeugnis ist ja erst nachher ausgestellt, da habe ich dann auf Klarstellung gedrungen."

## Mit Gelegenheitsarbeiten hält sich zu Putlitz über Wasser

Der Prozess hatte Wolfgang einige Dollar eingebracht. Durch den Verkauf amerikanischer Zigaretten in Deutschland war er vorläufig ein „ reicher" Mann geworden. Als Engländer gehörte er einer Siegermacht an und konnte sich viele Reisewünsche erfüllen. Mit der westlichen Welt war er vertraut; obwohl, so meinte er, dass diese Welt auf der Abschussliste stand. Den Sprung in die östliche Welt, zu der seine Heimat gehörte, wagte er nicht. Er war arbeitslos und mit Hilfe von Freunden kam er gerade so über die Runden. Er fand öfter eine Gelegenheitsarbeit.[69]

In der französischen Schweiz hielt er ein Jahr englischen Sprachunterricht an einer Internatsschule. Die Schule gehörte zu einem Privatunternehmen. Er musste billig arbeiten, denn er hatte für die Schweiz keine Arbeitserlaubnis. Trotzdem war er kurzfristig zufriedenstellend durch eine amerikanische Bekannte gesichert, der er durch seine Beziehungen in England ein eingefrorenes Vermögen rückübertragen konnte.

In London arbeitete er 1950 schlecht bezahlt als Korrespondent in einer angesehenen Schiffsmakler- und Seeversicherungsfirma. Nebenbei lief ein gutes Geschäft durch kistenweisen Verkauf von Champagner, den er für einen französischen Grafen vertrieb. In einem uralten Schloss in Schottland inmitten wildromantischer Landschaft war er als Hauslehrer tätig. Die Schlossherren waren bis über beide Ohren verschuldet. Ihnen gehörte kein Stein des Schlosses. Eine ältere Verwandte musste ihnen ständig Geld borgen. Sie freuten sich, wenn ihnen ein Londoner Reisebüro öfter amerikanische Touristen zuschanzte, die unbedingt einmal in einem Spukschloss übernachten wollten.

So führte Wolfgang ein abwechslungsreiches, buntes, aber kein befriedigendes, inhaltsreiches Leben. Sein Herz war in Deutschland. Wenn möglich reiste er in sein Heimatland, war öfter in Berlin und verlor allmählich die Angst vor dem östlichen Sektor. Er sprach dort mit Leuten, kaufte sich im Osten verlegte Literatur und kam zu dieser Meinung: „Es war in der Tat eine neue, eine klarere und ehrlichere Welt. Sie war mir fremd, aber sie war zweifellos gesünder als die in allen Fugen krachende, morsche Welt des Westens." Blieb er bei dieser Meinung? Wir werden sehen.

Bei einem Besuch in Deutschland besuchte er in Köln die Familie seines Freundes und Dieners Willi, der nicht mitkommen durfte, als Wolfgang das Einreisevisum nach England bekam. Als er einen Spaziergang in Köln machte, wurde er von einem ihm unbekannten Herrn als Herr zu Putlitz begrüßt. Dieser Herr sagte ihm, dass er wohl Träume oder Gespenster sehe.[70] Wegen der Ähnlichkeit von Wolfgang mit seinem Bruder Gebhard wurde er für Gebhard gehalten. Beide Herren gingen in den Wartesaal des Kölner Bahnhofs; dort wurde Wolfgang über das Schicksaal Gebhards von diesem Herrn aufgeklärt. Er war ein Mithäftling von Gebhard in der Haftanstalt Bautzen, die von 1945 bis 1950 ein Speziallager der Besatzungsmacht war.[71] In einem Manuskript schreibt der Mithäftling über die Inhaftierung von Gebhard: „Gebhard berichtete, dass er eigentlich nicht richtig wüsste, warum er im Speziallager Bautzen einsitzen muss. Russischen

Arbeitskräften gegenüber soll er handgreiflich geworden sein. In Brandenburg ist er auch schon verhört worden. Die Häftlinge mussten furchtbare psychische und physische Qualen erleiden." Gebhards Mithäftling schreibt in seinem Bericht nach der Entlassung: „Als wir wieder zum Hofrundgang herausgepfiffen und getrieben wurden und urplötzliches Geschrei und Gerenne auf etwas Besonderes hinwies, da hörte man etwas aufklatschen – Es war eindeutig Gebhard in seiner grünen Jacke, der aus der obersten Etage auf die Fliesen im Parterre gestürzt war.

Seine seelische Zerrissenheit habe ich miterlebt, aber sein Entschluss, der Tortur ein Ende zu bereiten, war nicht erkennbar."

Wir wissen, dass Gebhard mit seinem Bruder Wolfgang ein freundschaftliches Verhältnis hatte. In politischen Fragen bestand große Übereinstimmung. Gebhard bewirtschaftete die Ländereien seines Bruders Wolfgang, die die Nazis nach seiner Flucht aus Holland enteignet hatten. Er war Besitzer von Putlitz-Burghof. Nach der Enteignung der Güter im Jahre 1945 durfte er in seinem Haus wohnen bleiben. Gebhard, für den sich nach dem Krieg nicht nur die Familie Levi eingesetzt hatte, sondern auch viele andere Nazi-Verfolgte, wurde sogar in die Kommunistische Partei aufgenommen. Mein Kollege, der in den 1950er Jahren in Putlitz-Burghof eine landwirtschaftliche Lehre absolviert hatte, erzählte mir, dass in seiner Lehrzeit ältere Landarbeiter, die unter dem Gutsherren Gebhard zu Putlitz gearbeitet hatten, noch zu seiner Zeit voller Hochachtung von ihrem Herrn sprachen.

Wolfgang zu Putlitz war nach dem Desaster in der Kieler Regierung wieder englischer Staatsbürger geworden.

Als die Bundesrepublik ein Auswärtiges Amt aufmachte, fuhr zu Putlitz nach Bonn, um eine Beamtenpension zu beantragen, wie sie z.b. einige Nazis und auch die Witwe des Gestapo-Chefs Heydrich bekamen.

Eine verheerende Rolle bei diesem Bemühen, eine Beamtenpension zu beantragen und wieder eine Arbeitsstelle im Auswärtigen Amt zu bekommen, spielte der Berufsdiplomat und ehemalige Legationsrat Wilhelm Melchers.[72] Er war einer, „der, wie in Nürnberg gerichtsnotorisch festgelegt worden war, seinerzeit Hunderte von amtlichen Schreiben unterzeichnet hatte, die lauteten: Gegen die Verschickung des Juden X in das Lager Y bestehen diesseits keine Bedenken."

Er war einer jener Ribbentrop-Diplomaten, die sich vor allem mit der „Ab- und Einsetzung" von Regierungen in den Staaten des Nahen- und Mittleren Ostens beschäftigten. Als Vertrauensmann des Reichssicherheitshauptamtes wirkte Melchers an der Bildung 5. Kolonnen mit und half, die militärische Besetzung und politische Kolonisierung der arabischen Staaten vorzubereiten.[73]

Im Jahre 1946 verfasste Melchers ein Schreiben für sein Entnazifizierungsverfahren, das ihn als Mitglied einer „stillen" Opposition im Auswärtigen Amt charakterisieren sollte; im April 1948 erhielt er die positive Nachricht zur Entnazifizierung. Die nationalsozialistische Judenverfolgung wurde in einer Gruppe des bürgerlich-aristokratischen Widerstandes mit zwiespältigen Gefühlen gesehen.

Zwischen den Beamten in der Wilhelmstraße und der Hitlerregierung herrschte ein antidemokratischer und antisemitischer Konsens. Die meisten adligen Diplomaten vertraten den traditionellen Oberschichtenantisemitismus. Er war weit weniger radikal als der genozidale Erlösungsantisemitismus der Nazis. Deswegen nahmen sie die Hilfen, die Melchers bei der Vernichtung der Juden geleistet hatte, als akzeptabel an.

Das Ostberliner Ministerium für Auswärtige Angelegenheiten brachte unter dem Titel „Von Ribbentrop zu Adenauer" eine Broschüre heraus, in der unter Berufung auf den 1950 nach Ost-Berlin übergelaufenen Wolfgang Gans Edlen Herrn zu Putlitz – mit den „Widerstandslegenden" der Wilhelmstraße abgerechnet wurde: Auswärtiges Amt und Reichssicherheitshauptamt seien, was die Vernichtung der Juden betraf, ein Herz und eine Seele gewesen – nur sei dem Auswärtigen Amt „die faschistische Ausrottungspolitik nicht schnell genug gegangen.[74]

Otto John, seit Dezember 1950 Präsident des Bundesamtes für Verfassungsschutz, sprach mit Melchers, um eine außergerichtliche Lösung für seinen Mandanten Wolfgang Gans Edler Herr zu Putlitz zu erreichen, dessen Wiederbewerbung im Auswärtigen Amt auf Grund eines Spionagevorwurfs gegen ihn abgelehnt wurde.[75] John selbst hatte auch schon auf der Liste der Landesverräter gestanden, da er sich während des Krieges als Emigrierter im Ausland politisch betätigt haben sollte. Er musste 1944 Deutschland fluchtartig verlassen, da er Kontakte zu Stauffenberg und anderen Verschwörern des 20. Juli 1944 hatte. Für solche Leute hatte man im deutschen Auswärtigen Amt keine Verwendung. Putlitz forderte Melchers auf, die Quellen der gegen ihn laufenden Gerüchte „offenzulegen". Darauf erklärte er ihm, was er zuvor schon John gesagt hatte, dass er von der Meldung der Zentrale des Auswärtigen Amtes wisse, die die plötzliche Flucht von Wolfgang zu Putlitz im Jahre 1939 aus Holland nach England gemeldet hatte, dass Putlitz auf Grund homosexueller Neigungen erpresst worden ist und deswegen zum Verräter wurde. Melchers beabsichtigte dieses Wissen preiszugeben, falls er wegen der Nichtwiedereinstellung von Putlitz belangt werden sollte. Seit September 1950 lagen im Organisationsbüro Berichte der deutschen Gesandtschaft in London vor, dass die Gestapo die Gerüchte um Putlitz in die Welt gesetzt hatte, um die Flucht des deutschen Diplomaten zu diskreditieren. Diese Gerüchte dienten auch später, eine materielle Wiedergutmachung und moralische Rehabilitierung, zu verweigern. Nach dem Gesetzt zur Regelung der Wiedergutmachung nationalsozialistischen Unrechts für Angehörige des öffentlichen Dienstes vom 11. Mai 1951 war festgelegt, die Betroffenen zu entschädigen und eine Pension zu zahlen. Der Oberbürgermeister von Hamburg, Herr Brauer, mit dem sich Putlitz in der Emigration angefreundet hatte, erklärte ihm, dass er mit Recht diese Wiedergutmachungsansprüche geltend machen könne, da er als Widerstandskämpfer aktiv gegen das nationalsozialistische Regime und die Kriegspolitik gearbeitet habe. Außerdem war 1940 der gesamte inländische Besitz des Wolfgang Gans enteignet worden. Über den Empfang bei Melchers schreibt Wolfgang in seinem Buch „Unterwegs nach Deutschland":[76] „Er empfing mich freundlich, erklärte mir aber mit bedauerndem Kopfschütteln: „Putlitz, erstens sind Sie 1939 nicht gezwungen, sondern freiwillig weggelaufen; zweitens besteht der Verdacht des Landesverrates und drittens sind Sie jetzt Engländer. Ich fürchte, da lässt sich schwer etwas machen". Nun, sagte Wolfgang, hatte ich die Schnauze voll. Selbst wenn sie mir das Geld nachschmeißen sollten, werde ich von diesen Epigonen des Dritten Reiches nicht einen Groschen annehmen.

Vielen Widerständlern ging es ähnlich wie Putlitz. Nur einmal 2 Beispiele:[77] Erich Maria Remarque stellte 1960 Anträge auf Wiedergutmachung seiner durch den Nationalsozialismus und seine Verfolgung und das Exil erlittenen finanziellen Einbußen. Der ihm zugestandene Betrag reichte aus, um seine Villa Porto Ronco um eine Terrasse zu erweitern. Bemühungen Remarques um eine Aufhebung der Ausbürgerung wurden von offizieller Seite mit dem Hinweis beschieden: Der 1938 Ausgebürgerte müsse einen Antrag auf Wiedereinbürgerung stellen. – Mit dem Hinweis, er habe auch keinen Antrag auf Ausbürgerung gestellt, lehnte er ab. Marlene Dietrich hatte das Angebot von Goebbels abgelehnt, hohe Gagen zu bekommen. Er sicherte ihr eine freie Wahl der Drehbücher und Mitarbeiter für in Deutschland gedrehte Filme zu. Stattdessen engagierte sie sich bei der Betreuung amerikanischer Truppen und Kriegsverletzten. Sie half Flüchtlingen und emigrierten Künstlern über die Grenze zu kommen. In den Tagen nach ihrem Tod im Jahr 1992 war sie „nur noch" bei Wenigen als Vaterlandsverräterin umstritten. Nach 1996 gab es allerdings in Berlin immer noch, man sollte es nicht glauben, Kontroversen bei der Benennung einer Straße nach ihrem Namen.

**Wie sollte es mit Wolfgang zu Putlitz weitergehen?**

Er hatte auch jetzt Interesse, im diplomatischen Dienst zu arbeiten. Doch bei der Wiedereinrichtung des Auswärtigen Amtes in der Bundesrepublik gab es Probleme: Im Januar 1933 waren gut die Hälfte der Spitzendiplomaten adliger Abstammung. Eine große Anzahl von Mitarbeitern war durch ihre Arbeit in der Nazizeit stark belastet. Sie waren Mitwisser und Mittäter des verbrecherischen Hitlerregimes. Die Zahl der unbelasteten Mitarbeiter in der sowjetischen als auch in den westlichen Zonen reichte nicht aus, um eine neue Verwaltung aufzubauen. Im Jahre 1950 gehörten von 137 Bonner Mitarbeitern des höheren Dienstes 58 Mitarbeiter des NSDAP an. Bis 1954 stieg die Anzahl auf 325 Personen. Wer sollte als Schuldiger belangt werden, und wer sollte die Chance auf eine Wiedereingliederung ins Amt bekommen? Amerikaner und Russen stellten sich das Ziel, eine Politik der sozialen und kulturellen Erneuerung in der Verwaltung durchzuführen. Wen sollte man als Schuldigen belangen, und wer hatte eine Chance auf Rehabilitierung? Durch den Entschluss, Entnazifizierungsprozesse auf eine milde Art anzuwenden, blieben viele Straftaten ungesühnt. In Westdeutschland folgte ein fließender Übergang der Arbeit des Auswärtigen Amtes der Nazizeit in die Arbeit nach dem Krieg. Deswegen spielten einige Mitarbeiter eine unrühmliche Rolle bei der Wiedereingliederung von ehemaligen Mitarbeitern, die bei Hitler im Widerstand oder emigriert waren und sich dabei politisch betätigt hatten. Das bekam Wolfgang zu Putlitz zu spüren. Im westdeutschen Parlament und in Medien wurde um die Deutung des militärischen und zivilen Widerstandes gerungen. Man konnte sich nicht einigen. Besonders unangepasste Köpfe, die Ideen, wie z. B. Sympathie für ein wiedervereinigtes und neutrales Deutschland zwischen den Blöcken in die Politik brachten, blieben unerhört. Zu Putlitz gehörte zu diesen Menschen. Auf Grund dieser Situation in Deutschland und speziell im Auswärtigen Amt war das Ergebnis des Antrages auf eine Tätigkeit im Auswärtigen Amt von zu Putlitz natürlich negativ. Ein anderer Grund, Wolfgang zu Putlitz Eignung für die Mitarbeit im Auswärtigen Dienst generell auszuschließen, war hinzugekommen. Er hatte im Nürnberger Kriegsverbrecherprozess mit der alliierten Anklagebehörde zusammengearbeitet.

Bei einem Gespräch mit dem französischen hohen Kommissar und Botschafter F. Poncet meinte dieser, dass sich zu Putlitz nicht zu wundern brauche, dass in Westdeutschland die Nazis wieder hochkommen, wenn Leute wie Sie, einfach die Flinte ins Korn werfen und sich gar nicht darum bemühen, Einfluss zu nehmen.[78] Wolfgang erzählte ihm darauf seine Erfahrungen in Kiel, er sagte, „dass es leider die Politik der westlichen Alliierten ist, die uns die Wege verbauen und den Nazis die Tore zum Wiederaufstieg öffnen. Er ergänzte, man mag über die Zustände in der sowjetischen Zone denken, was man will, aber, soviel mir scheint, wird dort der Nazismus wirklich mit Stumpf und Stiel ausgerottet." Herr Poncet bemerkte dazu: „Schade, dass anscheinend alle Deutschen, die keine Nazis sind, zu rötlichen Ansichten neigen." Nach Gründung der Bundesrepublik Deutschland, sprach man von der Frieden bringenden „Europäischen Verteidigungsgemeinschaft", in deren Rahmen die Bundesrepublik wiederaufgerüstet werden sollte. Pastor Niemöller nahm gegen diese Pläne sofort Stellung. Als Wolfgang mit seinem Freund Vansittart zusammensaß, schimpfte dieser auf den Pastor. Wolfgang kannte Vansittart als Feind des deutschen Militarismus; war er plötzlich umgeschwenkt? Du trittst für eine Wiederaufrüstung ein? fragte Wolfgang Vansittart. Er sagte, dass die Politik der Sowjets ihn in diese absurde Situation bringe, und in den herrschenden Schichten Englands die deutschen Militaristen jetzt, fünf Jahre nach Beendigung des verbrecherischen Krieges nicht so viele Fürsprecher haben, wie in den Zeiten Chamberlains. Es war für Wolfgang eine unerträgliche Situation. Auch in England hatte er nun Gesinnungsfreunde verloren.

Churchill hatte im März 1946 in seiner „Fulton-Rede" ein Warnsignal wegen der Bedrohung der „freien Welt" durch den Kommunismus gegeben. Diese Rede wurde weltweit verbreitet. In seiner Rede heißt es, dass ein „Eiserner Vorhang" von Stettin an der Ostsee bis nach Triest an der Adria zu ziehen ist. Hinter dieser Linie liegen alle wichtigen Hauptstädte der alten Staaten Zentral- und Osteuropas in der Sowjetsphäre. Die Rede war ein Bekenntnis zur militärischen Vorherrschaft, um gegen kommunistische und neofaschistische Expansionen gesichert zu sein. Sie war eine politische Orientierung für die Politik der westlichen Staaten.

Als Wolfgang 1950 in Paris war und die Debatten der UN-Vollversammlung im Pallais de Chaillott anhörte, traf er unter den Mitgliedern des sowjetischen Stabes einen Bekannten, den er während seiner Tätigkeit in New York kennengelernt hatte.[79] Es war der frühere Konsul, dem Wolfgang seine Grußbotschaft für das Nationalkomitee Freies Deutschland in Moskau übergeben hatte. Im Gespräch erfuhr er, dass Putlitz jetzt Engländer war. Das machte ihn traurig, denn wie könne er jetzt seinem Vaterland nützen? Putlitz erzählte ihm die Geschichte vom Tod seines Bruders, den die Russen ins Gefängnis nach Bautzen gebracht hatten, und dass er sich dort das Leben genommen hatte. Der Konsul sprach dann mit Wolfgang über etwas, über das er allgemein nicht sprach. Er hatte zwei Brüder durch die Nazis verloren, die in deutscher Kriegsgefangenschaft waren. Jetzt setzt er sich für die Verständigung der Völker ein, damit nie wieder Krieg entsteht. Dieses Gespräch hat Wolfgang sehr nachdenklich gemacht,

und es hat zur Entscheidung geführt, in die Deutsche Demokratische Republik überzusiedeln.

# Zweiter Teil

Im zweiten Teil erfahren wir Wolfgangs Probleme bei der Übersiedlung in die DDR, seine Tätigkeiten in der DDR und seine politische Einstellung zu diesem Staat.

## Übersiedlung in die DDR

Wolfgang hatte Schwierigkeiten in die DDR überzusiedeln. Er fuhr nach Berlin zum Außenministerium der DDR. Dort war man skeptisch und misstrauisch gegenüber seinen ehrlichen Absichten. Eine Einbürgerung wurde abgelehnt. Schließlich war er ein Adliger und gehörte damit zu den Ausbeutern. Wolfgang äußerte einmal: „Was kann ich denn dafür, dass ich kein Proletarierkind bin."

Mitarbeiter des Institutes für Marxismus-Leninismus beim ZK der SED urteilten über ihn, als es später einmal über Auszeichnungen ging, dass er bis zur mit Hilfe des englischen Geheimdienstes organisierten Flucht nichts mit der Arbeiterbewegung im Sinne hatte, und dass er bis Kriegsende ideologisch der Gruppe der Konservativen, zum Teil antifaschistischen Kräfte des 20. Juli gehörte, die eine Verbindung zur revolutionären Arbeiterbewegung scheute. Möglicherweise traute man ihm auch deswegen nicht, weil er im zweiten Weltkrieg enge Mitarbeit mit der Spionageabteilung im Innenministerium Londons, der MI 5, hatte. Meinte man vielleicht, dass auch jetzt noch eine Zusammenarbeit mit dieser Abteilung bestand? Vielleicht wussten einige Genossen des ZK der SED nicht, dass Wolfgang sein Leben als Widerständler gegen das Naziregime oft aufs Spiel gesetzt hatte, indem er den Engländern z. B. als deutscher Diplomat Informationen über Hitlers Kriegsvorbereitungen gegeben hatte? Deswegen wurde er in der Bundesrepublik Deutschland, besonders von ehemaligen Nazis, als Landesverräter bezeichnet.

Dann versuchte er im sowjetischen Konsulat in Berlin Karlshorst seine Einbürgerung zu erreichen. Auch da ließ man ihn mehrmals abblitzen. Weil er es immer wieder versuchte, versprach ihm der sowjetische Konsul Naliwaiko, seinen Fall zu überprüfen.

Schließlich gelang es Wolfgang Anfang des Jahres 1952 in die DDR überzusiedeln. Er meinte, dass es keine leichte Sache war, die beinahe drei Jahre beanspruchte.

Wolfgang schreibt im Juni 1952 einen Brief an den ehemaligen Konsul Wawilow, den er in New York als sowjetischen Konsul kennengelernt hatte. Ihm hatte er im New Yorker sowjetischen Konsulat die Grußbotschaft nach Moskau zur Gründung des „Nationalkomitees Freies Deutschland" mit der Bitte übergeben, sie nach Moskau weiterzuleiten.

Wawilow und zu Putlitz waren sich 1948 in London und 1949 in Paris wieder begegnet. Wolfgang äußerte in dem Brief an Wawilow, dass auch er vielleicht an der Zustimmung zu seiner Übersiedlung in die DDR beteiligt war und bedankte sich bei ihm, falls er es war.

Wolfgang äußerte, dass er sehr froh sei nach langer Ver-
treibung von neuem in einem Land zu leben, wo man seine
Heimatsprache spricht. Indessen hofft er, dass er bald und
unmittelbar für die Erreichung des Friedens für die ganze
Welt mitarbeiten könne.

Im Brief erwähnt er, dass er gegenwärtig in einem Berliner
Verlag an einer Literaturarbeit tätig sei, die ihm große Freude
bereite.

## Wolfgangs Wohnort in der DDR

Konnte Wolfgang in seinem Heimatort, dem ehemaligen
Gut in Laaske/Prignitz wohnen?

Als Diplomat war er nicht als Gutsherr tätig. Sein Bruder
Gebhard, Wolfgangs bester Freund, war Gutsherr auf dem
Gut Putlitz Burghof.

Das Laasker Gut war dafür bekannt, dass überall Ordnung
und Sauberkeit herrschte.[80] Im ersten Teil dieses Buches haben wir bereits über die Nutzung des Gutshauses bis 1952, als
Wolfgang in die DDR kam, erfahren. Im Jahre 1952 war in
Laaske die LPG gegründet worden. Die LPG vergrößerte sich
bis 1965. Im oberen Stockwerk des Gutshauses, wo einmal die
Wohnzimmer der Familie Gans zu Putlitz waren, wurden
Büroräume eingerichtet. Wolfgang hatte kein Interesse mehr,
in seinem ehemaligen Geburtshaus zu wohnen.

Bei einem Ausflug nach Laaske hat Wolfgang sich über den Zustand des Hauses gefreut und sich dahin geäußert, wie wichtig es sei, dass dieses ehemalige Gut dem Volke gehört.

Nur eine Verwandte von Wolfgang lebte noch in der DDR, bei der er unterkommen konnte.[81]

Das war die achtzigjährige Schwester seiner Mutter in Bad Saarow am Scharmützelsee. Im März 1952 wurde Wolfgang in Bad Saarow polizeilich gemeldet. Die alte Dame trug den aus preußischer Geschichte bekannten Namen Ziethen. Der Husarengeneral des Siebenjährigen Krieges, war ein Urgroßonkel ihres Mannes. Die Tante lebte mit ihrer Tochter, einer Lehrerin, allein in einem kleinen Häuschen. In den letzten Kriegstagen 1945 war die Gegend schwer umkämpft, weil ein fanatischer SS-Kommandeur den Waldrand, an dem es lag, halten wollte. Die Bäume im Garten um das Haus hatten durch Geschosssplitter sehr stark gelitten. Das Häuschen aber hatte kaum Schaden bekommen.

Die Landschaft um den Scharmützelsee ist sehr schön. Befriedigten Wolfgang Spaziergänge um den See und Gespräche mit der Tante und deren Tochter? So wie wir ihn kennen gelernt haben, gewiss nicht. Deswegen versuchte er in Berlin eine Wohnung und eine Arbeit zu bekommen. Schon im November 1952 konnte er  nach Berlin umziehen.

Es war eine kleine,  55 qm große einfache Wohnung mit Ofenheizung, in der er sich mit dem Kohlenschleppen anfreunden musste. Küche und Bad waren nicht beheizbar.[82]

Im Verlag Volk und Wissen bekam er eine Arbeit als Lektor. Dort arbeitete er auch als freischaffender Schriftsteller.

## Der Literat Wolfgang zu Putlitz

Wolfgang begann an seinem autobiografisch verfassten Buch „Unterwegs nach Deutschland" zu schreiben. Es erschien im Verlag der Nation in Berlin und wurde in der DDR ein Bestseller. Wolfgang fuhr mit seinem „Moskwitsch" von Berlin öfter nach Laaske. Bei den „alten" Laaskern war er gerne gesehen. Besonderen Kontakt hatte er mit dem Ehepaar Glaser. Frau Glaser sagte mir: „Putlitz war ein Diplomat durch und durch". Die Eltern von Herrn Glaser hatten in dem Städtchen Putlitz ein Geschäft für Wirtschaftswaren, in dem die Bücher von Wolfgang zu Putlitz „Unterwegs nach Deutschland" und seine später geschriebenen zeitgeschichtlichen Miniaturen „Laaske, London und Haiti" verkauft wurden. Letzteres Buch erschien 1965 im Verlag der Nation. Im Manuskript dieses Buches mussten zwei Erzählungen entfernt werden, weil gegen ihre Veröffentlichung Bedenken politischer Art bestanden. Mit Einverständnis des Autors wurde das Manuskript geändert. Es war nicht so ein „Renner" wie „Unterwegs nach Deutschland".[83] Im Kapitel „Konterrevolutionäre" des Buches „Laaske, London und Haiti" beschreibt Wolfgang ein Liebesverhältnis zwischen 2 Männern, und gestaltet dabei eine Geschlechterverwechslung, womit er die homosexuelle Liebe kaschiert. Er schreibt über das blonde junge Mädchen Irene, das ihn durch seine Schönheit und vor allem durch den verschleierten Ausdruck seiner

Augen faszinierte. Es lebte in Paris und er, als Irene inzwischen zu einer blühenden Beauté herangewachsen war, hat sich fast immer, wenn er vor dem 2. Weltkrieg in Paris war, mit Irene getroffen.

## Die China-Reise

Im Frühjahr 1959 machte Wolfgang eine 30-tägige Touristenreise nach China. Er hatte über den Verkauf des Buches „Unterwegs nach Deutschland" genügend Mittel, um sich diese Reise zu gönnen.

Über die China-Reise schrieb er das Buch „Streiflichter aus China".[84] Es wurde im Jahre 1960 dem Kongress-Verlag Berlin angeboten. Sie, liebe Leser, sollen aus diesem Buch einige „Kostproben" kennen lernen. Das Buch wurde nicht gedruckt. Es liegt nur als Manuskript vor. Wir fragen uns, warum wurde es nicht gedruckt? Aus diesem Manuskript übernehme ich einige Abschnitte wörtlich, andere Teile sind Zusammenfassungen der Texte von Wolfgang zu Putlitz. Zwischendurch stelle ich Fragen zu den Texten und nenne dazu eigene Überlegungen. Sie werden, wenn Sie die folgenden Seiten des Buches „Streiflichter aus China" gelesen haben, sicherlich auch das Urteil fällen: Dieses Buch konnte nicht gedruckt werden.

Wolfgang schreibt, dass dieses Land für uns Europäer so groß und fremdartig ist, dass es bei einer 30-tägigen Reise unmöglich ist, ein klares und abgerundetes Bild zu bekommen. In seinem Buch lesen wir: „Meine Schilderungen können daher nicht viel mehr darstellen als Beobachtungen, die mir persönlich besonderen Eindruck gemacht haben. Es sind Bruchstücke, gewissermaßen Momentaufnahmen einzelner Vorgänge und Erscheinungen, die ich erlebte, und die ich für typisch und bemerkenswert hielt. Sie erheben keinen Anspruch, das schillernde Kaleidoskop der chinesischen Wirklichkeit auch nur annähernd oder erschöpfend wiederzugeben. Dennoch hoffe ich, dass sie dem Leser einiges bieten, was seinen Horizont erweitert und seine Weltkenntnis bereichert."

Während einer 30-Tagereise kann ein Land, das ein Sechstel der Erde bedeckt, nur sehr unvollständig erkundet werden. Bekam Wolfgang von den Touristenführern sogar Informationen, die nicht der Wahrheit entsprachen?

Das können Sie, liebe Leser beurteilen, nachdem Sie die Texte aus dem Buch „Streiflichter aus China" gelesen haben. Wörtlich übernommene Seiten kennzeichne ich.

Andere Inhalte aus dem Buch ergänze ich, denn sie sind unvollständig. Besonders wirtschaftliche und politische Aspekte der Regierungszeit von Mao Zedong sind unterschlagen. Man kann sich die Frage stellen, ob das bewusst von den Menschen, mit denen Wolfgang Kontakt hatte, gemacht wurde. Ist es möglich, dass sie Angst hatten, über verschiedene Dinge zu reden? Es muss ein Tabu gegeben haben. Sie, liebe Leser, werden sicherlich ihre Urteile dazu fällen und wissen, warum dieses Buch nicht veröffentlicht wurde. „Streiflichter aus China" ist in 6 Kapitel gegliedert.

## 1. Entfernungen und Größenordnungen

Mit den Entfernungen die im „Chinabuch" beschrieben werden, verbindet Wolfgang zu Putlitz seine Flugzeit aus Berlin nach Peking und die damit einhergehenden Zeitumstellungen.

Für den Fluggast, der z. B. in Berlin um 8 Uhr früh startet, ist es in Peking schon 15 Uhr.

Also stehen 7 Stunden auf dem Verlustkonto, da der Flug der Sonne entgegen erfolgt. Die Dimensionen des Landes sind für einen Europäer schwer erfassbar. China ist an Bodenfläche nach Russland und Kanada das drittgrößte Land der Erde. Es besitzt die höchsten Berge der Erde. Seine Bodenschätze sind riesig groß. Auf seinen unendlichen Landflächen zwischen den nördlichen Wäldern der Mandschurei und den tropischen Palmenhainen gedeiht so gut wie jede Vegetation. Das chinesische Reich existierte bereits zweitausendfünfhundert Jahre vor der Gründung Roms. Seine fünftausendjährige Kultur ist die älteste der Welt. Im Museum von Nanking kann man Knochen und Steine sehen, in die schon chinesische Schriftzeichen eingeritzt wurden zu einer Zeit, da in Kleinasien die Reiche der Hetiter und der Sumerer in ihren Anfängen waren.

## 2. Boden und Klima

Für die eigentlichen Agrargebiete, auf denen etwa 80 Prozent der Bevölkerung leben, ist der bräunliche Löß typisch. Er ist von den zentralasiatischen Hochgebirgen in die Ebenen heruntergespült und hat teilweise mehrere hundert Meter dicke Lehmschichten. Bei richtiger Bewässerung ist er außerordentlich fruchtbar. Im Verlaufe der Jahrtausende haben die großen Ströme, von denen die Lößmassen heruntergespült wurden, ihr Bett verändert und neu verzweigt. Fast alljährlich traten sie über die Ufer.

Immer war das Problem der Wasserregulierung das Problem des Lebens, der Existenzfrage. Es gab auch viele Dürreperioden. Dann war eine regelmäßige Ackerbewässerung lebenswichtig.

In den 10 Jahren seit der Befreiung Chinas im Jahre 1949 wurden die gefährlichsten Flüsse soweit gebändigt, dass Verheerungen früherer Ausmaße nicht mehr vorkommen. Neue Kanal- und Bewässerungssysteme verhindern die chronischen Hungersnöte, wie sie damals vorkamen. Jetzt werden so viel Reis und Hirse angebaut, die eine Bevölkerung satt machen. Mürrische, widerwillig arbeitende Kuli Armeen sind heute nicht mehr vorhanden. Freiwillig arbeitende Erdarbeiter leisten schwere Arbeit beim Bau von Kanälen, Deichen und Staubecken. Jeder scheint sich bewusst zu sein, dass sich mühevolle Arbeit lohnt, um sich eine Zukunft mit besseren Lebensbedingungen zu sichern.

Verödete Landstriche, radikal abgeholzte Waldungen, die nie wieder aufgeforstet wurden, sind die feudalen und imperialistischen Hinterlassenschaften. Städte und Dörfer verfielen. Ihre Bewohner wanderten ab oder starben aus. Im Süden Chinas war es nicht ganz so schlimm. Dort gibt es immer noch paradiesische Landschaften. Die Gegenden um die großen Städte nördlich des Jangtsekiang sind heute noch trostlos, obwohl inzwischen viel getan wurde. Gelegentlich sieht man kleine Haine, die eine ehrwürdige Tempelanlage umschatten. Die Luft ist geschwängert mit feinem Staub, der von der Wüste Gobi herangeblasen wird. Man begegnet Menschen, die weiße Gazestreifen vor Mund und Nase haben, um nicht so viel Staub zu schlucken. Auch heute noch begegnen wir diesen mit Gaze den Mund und die Nase verhängten Menschen in China. Hinzu kommt allerdings, dass heute zusätzlich viele schädliche Gase durch den starken Autoverkehr eingeatmet werden können.

Seit Jahrtausenden wurden in China gewaltige Mauern, nicht nur als Reichsgrenzen gebaut. Sie entstanden um jede Stadt, jedes Dorf, Straßenblöcke, darin Wohnquartiere und sogar einzelne Häuser erhielten Schutzmauern aus Lehm oder Steinen. An der großen Mauer nördlich von Peking an einem steinigen Berghang erlebte Wolfgang eine vielhundertköpfige Menschenmenge, die Steine abtrug, Sand heranschleppte und grub. An der Straße war ein hohes Plakat angebracht, auf dem stand: „In zehn Jahren werden wir hier die schönsten Äpfel Chinas ernten." Diese schönen Apfelbäume standen auch zu Ostern 2006, als ich sie dort auf meiner Chinareise bewunderte. Ein Stückchen weiter verkündete ein anderes Plakat. „Wir werden unsere Bauern mit modernen Ackergeräten versorgen."

Noch nie, schreibt Wolfgang, hat die Welt einen solchen Vorwärtsdrang, ein so atemberaubendes Entwicklungstempo gesehen wie im China von heute.

## 3. Geschichte

Nach europäischen Begriffen lassen sich die einzelnen Perioden der langen chinesischen Entwicklung nur sehr oberflächlich charakterisieren. Wenn z. B. gesagt wird, in China hätten bis 1949 noch mittelalterliche, feudale Zustände geherrscht, so trifft das nach unseren Vorstellungen nur sehr bedingt zu. Tatsächlich waren die Macht und Autorität des Kaisers kaum bestritten. Es hat einen feudalen Ritterstand im europäischen Sinne mit eigener Ideologie und echtem historischen Gewicht, niemals gegeben. Allenfalls kann man hier von Raubrittern und abenteuerlichen Landsknechts-Häuptlingen sprechen, die ihrem Machthunger frönten und zu allen Zeiten im Lande ihr Unwesen trieben.

In der chinesischen Geschichte hat weder das religiöse noch das nationale Moment je eine größere Rolle gespielt. Kirchenkämpfe und Religionskriege, die für die Feudalzeit Europas typisch waren, sind hier etwas Unbekanntes geblieben. Große nationale Streitigkeiten konnte es schon deshalb kaum geben, weil das Han-Volk bereits seit Urzeiten eine geschlossene Einheit war. Nationale Minderheiten gab und gibt es nur in dünnbesiedelten Gebieten. Sie stellen nur einen ganz geringen Teil der Gesamtbevölkerung dar.

Will man sich ein Bild von den sozialen Verhältnissen von China um Neunzehnhundert machen, kann man es entweder als reine Sklaverei oder Leibeigenschaft bezeichnen. Dazu beschreibt Wolfgang zu Putlitz ein Beispiel: „Noch unter der letzten, 1908 verstorbenen Kaiserin genügte es, dass ein Würdenträger oder Provinzatrap zum Frühstück eine seidene Schnur zugeschickt bekam, um ihn zu veranlassen, noch am gleichen Nachmittag Selbstmord zu begehen. Der persönliche Hofstaat der Kaiserin umfasste 40.000 Bedienstete. Wenn diese Kaiserin es wünschte, ihr Mittagsmahl mit den täglich vorgeschriebenen 128 Gerichten in ihrem etwa ein Kilometer von der Hofküche entfernten Aussichtspavillon des Sommerpalastes serviert zu bekommen, mussten jedes Mal rund 1000 Lakaien antreten. Hatte Ihre Majestät schlechte Laune, kam es vor, dass der verantwortliche Koch ausgepeitscht, in Ketten gelegt oder z. B. durch Kopfabschlagen ins Jenseits befördert wurde". Viele andere Grausamkeiten ließ sich diese Kaiserin einfallen.

Wie einst in Europa die Bauern verpflichtet waren, jährlich eine gewisse Anzahl Gänse oder Hühner an ihren Feudalherren abzuliefern, hatten Gouverneure der Provinzen in China die Aufgabe, in ihren Landen nach jungen Mädchen Ausschau zu halten und jeweils eine oder mehrere der schönsten dem kaiserlichen Harem in Peking zur Verfügung zu stellen.

Das sind nur wenige der furchtbaren Beispiele der Unmenschlichkeit, die in China in feudalen Kreisen üblich waren und von Wolfgang zu Putlitz in seinem „Chinabuch" beschrieben sind.

Das Leben des einfachen Menschen galt im alten China weniger als das eines Hundes. Macht und Willkür der sogenannten Feudalherren waren unbeschränkt. In Tibet, dem entlegensten und rückständigsten Gebiet, waren diese Dinge sogar noch bis in die jüngste Gegenwart an der Tagesordnung. Erst 1959, nach Niederschlagung der reaktionären Revolte, wurden die Barbareien auch dort abgeschafft. In Deutschland gilt die bürgerliche Revolution von 1848 als Ende feudaler Herrschaftsprinzipien.

Diese seit tausenden Jahren fast völlig unberührte Gesellschaftsordnung des alten China wurde in ihren Grundfesten das erste Mal erschüttert, als die beutegierigen kapitalistischen Staaten der westlichen Erdhälfte um die Mitte des 19. Jahrhunderts mit hochentwickelter Technik und neuen Ideen plötzlich in seine Gefilde einbrachen. Sie setzten sich in Häfen und wichtigen Handelszentren fest und saugten sich mit den Reichtümern des hilflosen Landes voll.

Das alte Kaiserreich war unfähig, ernsten Widerstand zu organisieren. Es gab im Volke Rebellionen und Bauernaufstände, in denen sich die nationale Empörung Luft machte. Am bekanntesten sind der Taiping-Aufstand 1851–1864 und die sogenannte Boxerrevolte um 1900. Sie wurden blutig erstickt. Im Lande herrschte Korruption. Mordende und plündernde Heerhaufen durchzogen das Land. Hungersnöte waren an der Tagesordnung und Menschen starben wie Fliegen.

Westliche Einflüsse gewannen immer mehr an Boden. Neue Lebensformen waren ins Land gekommen. Bankiers und Geschäftemacher witterten eine Konjunktur. Es entstand die sogenannte Kompradoren-Bourgeoisie, ein kapitalistisches Bürgertum, das sich zu einem neuen Machtfaktor entwickelte. Diese kapitalistisch, freihändlerisch und antifeudal eingestellte Bourgeoisie im Verein mit einer neuen westlich eingestellten Intelligenzschicht verhalf im Jahre 1911 der von Dr. Sun Yat Sen geführten nationalen Revolution zum siegreichen Durchbruch. Damit gab sie dem fünftausendjährigen Kaisertum den Todesstoß.

Nun folgte die knapp vierzigjährige Geschichte der bürgerlichen Republik von 1911 bis 1949. Diese Geschichte wird am deutlichsten kenntlich durch 2 Frauenschicksale, sie waren Töchter der Schanghaier Bankiersfamilie Soong. Die älteste verheiratete sich mit Dr. Sun Yat Sen, dem Führer der Revolution von 1911. Er ist, heute als Nationalheld in die Geschichte eingegangen, war ein echter Patriot, der sich ehrlich und klug für die Freiheit seines Volkes von den inneren und äußeren Unterdrückern einsetzte.

## 4. Kultur

„Ebenso wie in der Architektur und Kunst haben die Symbole der Vergangenheit auch im Alltagsleben des Volkes ihre Bedeutung bewahrt. Drachen, Löwen, Schildkröten oder andere mythologische Figuren dienen weiter als Verkörperung und Ausdruck der nationalen Eigenart. Kraft und Solidität der chinesischen Traditionen lassen sich vor allem daran erkennen, dass trotz der radikalen Umwälzung der Verhältnisse, die in den letzten Jahren vor sich gegangen ist, nirgends das Gefühl eines historischen Vakuums empfunden wird. Man spürt keinen Bruch zwischen dem Gestern und Heute. Die neue Gegenwart wächst bodenständig aus dem Vergangenen hervor. Die chinesische Revolution vollzog sich ohne Bilderstürmerei". Schöne ehemalige Herrenhäuser, wenn sie auch jetzt rein praktischen Zwecken dienen, werden restauriert. „Bemerkenswert ist auch die Ehrfurcht vor dem alten Namen. Nach wie vor kreuzt die Straße der seidenrauschenden Feen die Gasse des aufgehenden Silbermondes und mündet die Straße der 5 Grundtugenden in die Allee der erquickenden Wohlgerüche oder den Platz der köstlichen Weisheit. Auch die neuen Namen – zwar weniger romantisch – sind nirgends willkürlich, sondern aus dem echten Gefühl des Volkes hervorgewachsen: Straße der Gerechtigkeit, Allee der Freiheit, Platz des Friedens, Gasse der opfermütigen Helden. Das sind Namen, die unmittelbar an die Herzen rühren. Es fehlt auch jeder Anflug eines fragwürdigen Personenkultes. Eine Ausnahme bildet, soviel Wolfgang zu Putlitz feststellen konnte, nur Sun Yat Sen, der Führer der Revolution von 1911, der als Nationalheld ins Volksbewusstsein eingegangen ist. Der kulturelle Hochstand ist umso erstaunlicher, als die geplagten Massen des chinesischen Volkes bis 1949 in einer für europäische Begriffe kaum fassbaren Armut und Primitivität gelebt haben. Aber jetzt, selbst in den anspruchslosesten Dingen ihres rauen Alltags zeigt sich ihr Sinn für Schönheit und Harmonie auf Schritt und Tritt. In der einfachsten Lehmkate blüht eine zarte Blume, klebt ein papierner Schmetterling und ist ein Krug schön bemalt. Auf dem Perlfluss in Kanton gab es einst die sogenannten Sampans, primitive Dschunken, in denen tausende Familien hausen, die nicht das Recht besaßen, auf dem Lande auch nur eine Lehmkate zu beziehen. Die meisten haben jetzt Wohnungen erhalten. Aber noch 1959 waren etwa ein Drittel nicht umgesiedelt und wohnten auf dem Wasser. Zwar hatten sie jetzt elektrisches Licht, Wasserleitung und einige Erleichterungen bekommen, lebten aber immer noch in ihren schwimmenden Höhlen, die sie geschmackvoll mit Schnitzereien und Malereien verzierten".

„Die Kunstfertigkeiten des chinesischen Volkes sind weltbekannt. Seidenstickereien, Lack- und Filigranarbeiten, Elfenbein-, Jade- und Steinschnitzereien sind unübertreffbar. Aber die Werkstätten, in denen sie hergestellt werden, sind oft primitive Schuppen. Der Regen rinnt durch die Dächer und auf dem Lehmfußboden befinden sich schmutzige Pfützen. Dennoch schaffen hier einfache Frauen und Männer aus dem Volke geradezu vollendete Kunstwerke."

„Auch in der politischen Agitation ist das künstlerische Element wirksam. Ihre Werbebilder und Losungen machen sich die Ortsbewohner größtenteils selbst. Sie stellen dar, was für sie gerade aktuell ist: Eine Szene aus ihrem neuen Kindergarten, eine neue Maschine oder Fabrik, das Porträt Mao Zedongs oder auch eine örtliche Aktivistin, die Landschaft ihrer Volkskommune, wie sie in einigen Jahren aussehen soll oder die Arbeiten an einem neuen Kanalbau".

## 5. Religionen

Dazu schreibt Wolfgang zu Putlitz:

„Jede Religion besteht aus zwei im Wechselspiel miteinander stehenden Wesenselementen. Das eine ist moralisch-ethisch und kommt bei allen letztlich etwa auf die gleiche Forderung hinaus: Edel sei der Mensch, hilfreich und gut. Das andere Element ist metaphysisch-irreal und stellt sich entsprechend den besonderen Umständen in jeweils sehr unterschiedlichen Orthodoxien dar. Beide Elemente können, wie die christliche Praxis zeigt, in klaffendem Widerspruch zueinanderstehen, aber auch, wie die chinesische Geschichte beweist, in verhältnismäßig friedlicher Harmonie miteinander wirken.

Wie überall gab und gibt es auch in China zahlreiche Dogmen und Religionslehren. Eigentlich nur zwei von ihnen sind historisch und kulturell wirklich bedeutsam: Der Taoismus, der im Wesentlichen die Weisheitslehren des Laos vertritt, gewisse Zauber Riten, vor allem auf medizinischem Gebiet praktiziert, aber sonst mit mystischen Absonderlichkeiten verhältnis-mäßig wenig belastet ist; und zweitens der wesentlich jüngere Buddhismus, der sich vor rund zwei Jahrtausenden aus Indien verbreitete und im Laufe der Zeit die überwiegende Mehrheit der Bevölkerung an sich gezogen hat. Der Konfuzianismus, der in dieser Reihe vielleicht noch genannt werden könnte, lässt sich kaum noch als Religion, sondern eher als eine Moral-Philosophie bezeichnen".

Wie stehen diese Religionen in China untereinander? Sie sind weitgehend tolerant. Eine Staatsreligion oder eine Kirche, die weltliche Macht beansprucht, hat sich in China nie entwickelt. In Deutschland gibt es heute noch Parteien, die starke Bindung zu Religionen haben und als solche in der Bundesregierung vertreten sind. Weltweit sind unterschiedliche Religionen heute noch Ursachen kriegerischer Auseinandersetzungen. Oft geht es ums Teilen und Herrschen. In China sind religiöser Fanatismus oder Religionskriege unbekannt geblieben. Welches Grauen dagegen verursachten schon die christlichen Kreuzzüge. Die chinesischen Herrscher zollten allen Göttern ihres Landes die gleiche Ehrerbietung. Weder Buddhismus noch Taoismus besitzen eine organisierte Priesterhierarchie. Die chinesischen Religionen begnügen sich mit einfachen Mönchen, die ihre Litaneien herunterbeten, im Übrigen aber die Menschen in Ruhe lassen. Sie üben als Gärtner, Feldarbeiter, Handwerker, Künstler und Gelehrte ein nützliches und bescheidenes Tagewerk aus.

Der Dalai-Lama besaß – außer in Tibet selbst, wo er tatsächlich Staatsoberhaupt war, keine weltliche Befehlsgewalt über die buddhistischen Lama-Klöster. Er war kein Kirchenfürst wie die römischen Päpste. Er galt nach der Theorie von der Seelenwanderung als der in neuer Verkörperung wiedergeborene Gautama Buddha, d.h. als Inkarnation des heute noch lebenden ursprünglichen Gottes. Neben ihm gibt es noch unzählige andere Buddhas. Mich lacht ein grünlicher Jade-Buddha in meinem Wohnzimmerschrank an. Er ist ein Souvenir meiner Chinareise.

Der „lebende" Buddha ist nach dem zerschlagenen Putsch der tibetanischen Feudalherren im Frühjahr 1959 außer Landes gegangen. Seine stummen Brüder thronen weiterhin in den Tempeln. Die Flucht des Dalai-Lamas ins Ausland löste in der chinesischen Volksdemokratie keine erbitterten Religionskämpfe aus, wie es einige erwartet hatten. Die Mönche in China verrichteten wie immer ihre Arbeit in den Tempeln, in den Gärten, auf dem Feld und in der Werkstatt. Ihnen ging es nun sogar besser als unter den ehemaligen Grundherren. Die Volkskommunen zahlten ihnen bessere Löhne.

Auf der Maidemonstration 1959, d.h. zwei Monate nach Niederschlagung des tibetanischen Putsches, staunte Wolfgang nicht schlecht, als Scharen von Lama-Mönchen jubelnd und winkend an den geschmückten Tribünen und den Führern der Kommunistischen Partei Chinas vorbeidefilierten.

Wolfgang wurde es so klar, dass zwischen den idealistischen Wunschbildern der Religion (edel sei der Mensch, hilfreich und gut) und den realen Zielen des wissenschaftlichen Sozialismus letztlich kein Widerspruch besteht. Zum Ausbruch von Konflikten kommt es aber, weil die Kirchenhierarchie weltliche Interessen vertritt und politische Machtansprüche stellt.

Der Buddhismus ist von Natur heraus friedfertig und beschaulich, das Christentum kämpferisch und politisch. Den christlichen Missionaren gelang erst der Einbruch in die festgefügte Welt des chinesischen „Heidentums" seit der Mitte des 19. Jahrhunderts. Sie drangen ungehemmt ein als durch die Kanonenboote der westlichen Kolonialherren die Bahn freigeschossen war. Sie genossen den exterritorialen Schutz ihrer jeweiligen Regierungen und erhielten reichliche Zuwendungen, um ihre Tätigkeit zu entfalten. Chinesische Seelen fing man in den armen Volksschichten. Den Gewerbetreibenden, Handwerkern und Kaufleuten konnte man mancherlei Geschäfte verschaffen und profitable Verbindungen vermitteln. Wer zum Christentum übertrat, war bei den westlichen Geschäftsleuten bestens angesehen. So war es natürlich, dass sich vor allem das aufkommende kapitalistische Bürgertum zum Christentum hingezogen fühlte. Das Christentum, obgleich es mit weniger als ein Prozent der Bevölkerung kaum ins Gewicht fiel, übte während der Kuomintang-Herrschaft doch einen beträchtlichen Einfluss aus. Diese Verknüpfung mit dem Kuomintang-Regime hat die weißen Missionare und damit das Christentum bei den chinesischen Massen um den letzten Kredit gebracht. Es gibt zwar noch einige christliche Gemeinden, aber Ihr Absterben ist wohl nur noch eine Frage der Zeit.

Zählebig ist jedoch der alte chinesische Aberglaube. Seit Jahrtausenden glaubt man an das Wirken guter und böser Geister. Diese Geister treten in den kuriosesten Formen auf. Dazu ein Erlebnis, das Wolfgang hatte: Als er einmal ein chinesisches Haus betrat, fiel er kopfüber fast auf die Nase. Er war über eine mehrere Zentimeter hohe Schwelle gestolpert, die er nicht bemerkt hatte. Solche Schwellen befinden sich wohl in allen älteren Bauten. Sie dienen dem Zweck, den bösen Geistern den Eintritt zu erschweren. Diese Geisterschwellen sind den Chinesen etwas Selbstverständliches. Ein Schauspieler auf kulissenloser Bühne braucht nur seinen Fuß entsprechend zu heben, und das Publikum weiß, dass er durch eine Tür gegangen ist. Da es trotz der Stolperschwelle einem bösen Geist vielleicht doch gelungen sein könnte ins Haus einzudringen, ist sicherheitshalber hinter der Tür noch ein zweites Hindernis aufgebaut, nämlich eine freistehende, schirmartige Mauer. Ein zerstreuter oder kurzsichtiger Besucher, der vom Tor geradeaus auf den inneren Hof oder den gegenüberliegenden Hauseingang zuschreiten wollte, würde schmerzhaft mit ihr zusammenprallen. Man kann durchs Ausbiegen nach links oder rechts einen solchen Unfall vermeiden. Bösen Geistern, sagt man, sind solche Umgehungsmanöver nicht möglich. Sie haben nur die Fähigkeit, sich in gerader Linie fortzubewegen. In reichen Häusern wurden diese Wirkungen durch kunstvolle Ornamente verstärkt. Zu den prächtigsten Geistermauern gehören die grün-gelben Drachenwände im Pekinger Kaiserpalast. Symbole der guten Schutzgeister finden sich in Gestalt von Glücksschweinen, Äffchen oder exotischen Fabelwesen als Giebelfiguren auf den geschweiften Dächern fast aller besseren Häuser.

Massenhaft kann man Wunderlichkeiten aufzählen, die aus der reichen Phantasie des uralten chinesischen Geisterglaubens stammen und bis in die 1960er Jahre tatsächlich geglaubt wurden und damals ernsthafte Hindernisse für die fortschrittliche Entwicklung des Landes darstellten. China, das bäuerliche Land bestand bis 1949 zu fast 90 Prozent aus Kleinbauern, deren Landstücke im Durchschnitt nicht einmal ein oder ein halber Hektar groß waren. Auf solchem Stückchen Land kann eine Familie nur ein Hungerdasein fristen. Die Masse der chinesischen Bauern führte wahrhaftig ein Hundeleben. Es bestand keine Möglichkeit, aus diesem Elend herauszukommen. Trost gab ihnen nur ihre mystische Hoffnung auf den Beistand irgendwelcher guter Geister. Und nur von den Geistern der eigenen Ahnen war Wohlwollen zu erwarten. Deswegen war es verständlich, dass der Ahnenkult eine hervorragende Rolle spielte.

Man begrub sie deswegen auf den eigenen Feldern. Ihre abgeschiedenen Seelen sollten das Land der Familie fruchtbar halten und vor Schaden bewahren. Sie erhielten den besten Platz auf dem Feldstück. Ein Grabhügel, wenn er innen nicht ausgemauert wurde, beanspruchte mindestens einen Quadratmeter wertvollen Bodens. Auf diese Weise wurden tausende Hektar landwirtschaftlicher Nutzfläche nicht nutzbar. Noch in den 1960er Jahren gab es viele dieser Grabhügel. Sogar kleine Kapellen oder Standbilder wurden von Gutsbesitzern und reichen Bauern errichtet. Es waren Prachtstücke für Museen.

Seit der Bodenreform 1949 geht die chinesische Landwirtschaft zum Großbetrieb und zu rationellem Wirtschaften über. Die alten Grabhügel sind nicht nur nutzlos, sondern auch hinderlich geworden. Tausende dieser Hügel sind eingeebnet worden und die Gebeine auf Sammelfriedhöfen umgebettet. Aber nicht alle Nachfahren konnten von einer Umbettung überzeugt werden. Es ist schwierig an Jahrtausenden alten für heilig gehaltene Bräuche zu rütteln.

Mit dem Entstehen der Volksrepublik ist die fünftausendjährige Geschichte des alten China abgelaufen. Von Grund auf und mit ungeheurer Schnelligkeit verwandelt sich das Gesicht des Landes. Seine sozialen, wirtschaftlichen und nationalen Verhältnisse ändern sich.

## 6. Volk und Partei

Das letzte Kapitel in dem, ich möchte noch einmal darauf aufmerksam machen, geschriebenen aber zum Druck nicht frei gegeben Buch von Wolfgang zu Putlitz, hat die Überschrift „Volk und Partei". Hieraus übernehme ich viele Passagen, aber werde an einigen Stellen auf große Lücken im Inhalt verweisen, über die Wolfgang zu Putlitz nicht geschrieben hat. Urteilen Sie selbst, lieber Leser: sind diese „Fehlstellen" nicht wesentliche Gründe für das Verbot der Veröffentlichung von „Streiflichter aus China"?

Anfangs gebe ich wörtlich aus diesem Buch Vorstellungen über den chinesischen Menschen wieder, wie sie bis vor wenigen Jahren, meint Wolfgang, für Europäer bestanden:

„In Europa herrschte bis vor wenigen Jahren vielfach die Vorstellung, der chinesische Mensch wäre ein unheimliches, unberechenbares und für uns völlig unverständliches Lebewesen. Nichts ist törichter als diese Behauptung!

Wie solche Auffassungen zustande gekommen sind, ist jedoch erklärlich.

Die Chinesen hatten in der Vergangenheit alle Ursache, Europäern gegenüber zurückhaltend und misstrauisch zu sein. Sie taten daher etwas, was in ihrer Lage jeder vernünftige Mensch getan hätte. Nach außen hin zeigten sie eine ausgesucht höfliche Liebenswürdigkeit – im Innern aber blieben sie kalt und wahrten die Distanz. Sie versteckten ihr wahres Wesen und hüllten sich in geheimnisvolle Undurchdringlichkeit, die verwirrt und von Zudringlichkeiten abschreckt. Das waren von jeher zuverlässige Verteidigungsmittel des Schwächeren, der sich von einem Stärkeren bedroht fühlt.

Sie wussten wohl, dass hinter den weißen Eindringlingen Kanonenboote standen, gegen die man wehrlos war. Auch die schönsten Predigten der Missionare über christliche Nächstenliebe konnten ihnen diese Realität nicht verschleiern. So blieb ihnen gar nichts anderes übrig, als jene undurchdringliche Maske aufzusetzen, die der weiße Mann dann als „geheimnisvolle Seele Chinas" ansprach. Diese Zeiten sind vorüber. China ist frei und mächtig geworden, der heutige Chinese braucht niemanden mehr zu fürchten, denn sein Land verfügt jetzt über ebenbürtige Waffen, und keine Macht der Welt wäre mehr imstande, das 650-Millionen-Reich ins Joch zurück zu zwingen. Ein Händedruck mit einem weißen Mann hat seinen gefährlichen Charakter verloren, und dadurch sind auch die menschlichen Beziehungen zu ihm auf eine normale und gleichberechtigte Grundlage gekommen.

Man kann mit jedem beliebigen Menschen in China sprechen. Immer wieder springt die Freude darüber heraus, dass man heute ehrlich und ohne Hintergedanken miteinander Freund sein kann. Als Angehöriger eines Landes des sozialistischen Lagers, (Putlitz war DDR-Bürger), erlebt man geradezu überwältigende Bekundungen herzlicher und brüderlicher Gefühle.

Auch die Beziehungen der chinesischen Menschen untereinander sind freimütiger und offener geworden. Es gibt keine Herren mehr, denen geschmeichelt werden muss, weil von ihrem Wohlwollen das nackte Dasein abhängt.

Der Bauer ist keinem feudalen Grundherren mehr ausgeliefert. Die Arbeiter und die Handwerker in den Städten sind nicht mehr auf die Gnade fremder oder einheimischer kapitalistischer Unternehmer angewiesen, die ihnen willkürlich Hungerlöhne aufzwingen können und keine chinesische Frau ist mehr rechtlose Untertanin eines ihr zudiktierten Gebieters. Heute gehört das Land den Bauern selbst, die es bebauen. Arbeiter und Handwerker bekommen ihre tariflich festgesetzten Ansprüche und alle Frauen besitzen volle und gesetzlich verankerte Gleichberechtigung". Ob das unter der Regierung von Mao immer so war mit dem Land, das den Bauern selbst gehört, werden wir an anderer Stelle erfahren.

Es hat schon einige Umstrukturierungen in der Wirtschaft gegeben. Maßnahmen wurden angeordnet, die bestimmte Fehler oder Mängel korrigieren sollten. Sie wurden von den Menschen als nützliche Initiativen gesehen und den Volksmassen gaben sie Selbstbewusstsein und entfesselten oft nie vorher erlebten Elan. Es entstanden neue Bewegungen, über die ich wörtlich aus dem Buch „Streiflichter aus China" folgendes entnehme:

„Nur einige von ihnen können in meinen nachstehenden Ausführungen etwas eingehender geschildert werden. So die Bewegung der Ehrlichkeit, die „Bewegung zur Sauberkeit, die Bewegung zur Schädlingsbekämpfung, die Bewegung zum Eisenschmelzen oder die Bewegung zur Gründung von Volkskommunen."

Von allen diesen Bewegungen bleibt für mich die erstgenannte vielleicht die eindrucksvollste, weil sie letztlich Grundlage für alle übrigen darstellt. Der durchschlagende

Erfolg, den die „Bewegung zur Ehrlichkeit" in wenigen Jahren erzielt hat, ist einfach verblüffend. Ohne sie wäre eine so schnelle und radikale Wandlung aller Verhältnisse, wie wir sie in China beobachten, niemals denkbar gewesen. Man spürt es wohl am stärksten in Schanghai, das früher zu den korruptesten und lasterhaftesten Städten der Welt gehörte. Von den ehemaligen Verbrecherbanden, Spielhöllen, Opiumhöhlen und Bordellen ist nicht eine übrig geblieben. Vergeblich ist heute jedes Ausschauen nach Prostituierten oder zwielichtigen Gestalten, die auf dunkle Geschäfte ausgehen. Selbst der harmloseste Schwarzhandel ist ausgestorben. Leute, die vor 1949 in Schanghai lebten, erzählen, dass damals außerhalb des Europäerviertels niemand seines Lebens sicher war. Sogar die Brunnen und Pumpen waren von Gangsterbanden umlagert, die für jeden Eimer Wasser, der geschöpft wurde, ihren Tribut verlangten. Heute nimmt kein Kellner mehr ein Trinkgeld an. Bankboten laufen ohne Sicherung mit prallgefüllten Geldtaschen durch die wimmelnden Straßen. Ich selbst hatte, ohne es zu bemerken, auf der Nanking Road, der belebtesten Geschäftsstraße, einen Geldschein aus der Brieftasche verloren, der einen Wert von etwa 10 DM hatte. Fünf Straßenblocks weiter kam mir nach 10 Minuten ein junger Mann nachgerannt, hielt den Schein in der Hand und fragte mich, ob ich ihn vermisse. Mit Entrüstung winkte er ab, als ich ihm einen Finderlohn anbot."

Nun übernehme ich einen Absatz wörtlich, der gewiss sehr differenziert zu beurteilen ist. Man kann vielleicht sogar sagen: Wer's glaubt wird selig. Was gibt es heute mit Unehrlichkeit noch für Probleme!

„Ein berühmtes Wort von Marx lautet: „Eine Idee wird zur materiellen Gewalt, sobald sie die Massen ergriffen hat". Die Überzeugung, dass eine bessere Welt ohne ehrliche Menschen nicht geschaffen werden kann, hat sich – vielleicht als Reaktion auf die frühere Korruptions-wirtschaft – so absolut durchgesetzt, dass Verbrecher und Gauner einfach keine Möglichkeit mehr haben, unter ihren Mitmenschen durchzuschlüpfen. Keine Morallehre, keine Religion und keine Strafjustiz haben je ein solches Wunder zustande gebracht. Früher haben Schwindler und Schmarotzer leichter und besser gelebt als die redlich arbeitenden Menschen. Dem chinesischen Volk ist es gelungen, diesen ungesunden und unmoralischen Zustand restlos zu beseitigen und in sein Gegenteil umzukehren."

Das ist der Text, den Wolfgang 1959 in seinem „China-Buch" schreibt.

Ist der Mensch, der an solche Wunder glaubt, nicht ein Naivling? Wolfgang sind sicher sehr ehrliche Menschen begegnet. Aber er hatte nicht die Möglichkeit, hinter die Kulissen zu schauen. Man hatte wahrscheinlich Angst und war sehr vorsichtig, ihm einen Blick hinter die Kulissen zu gestatten. Wusste Wolfgang nicht, dass es 1956/1957 eine von Mao inszenierte „100-Blumen Bewegung" gegeben hatte?

„Die 100-Blumen-Bewegung"

Sieben Jahre nach der Machtübernahme Maos laden die Kommunisten das Volk zu einer konstruktiven Kritik am System, an der Partei, an der politischen Führung ein. Es war ein von der kommunistischen Parteiführung unternommener Versuch, die Reglementierung des geistigen Lebens zu lockern. Unter der Parole „Lasst Hundert Blumen blühen, lasst hundert Schulen miteinander wetteifern" forderte Mao Zedong zu einer allgemeinen Kritik an Missständen der neuen Gesellschaft auf. Das Volk sollte seine Meinung sagen und damit den Aufbau der Gesellschaft voranbringen. Nach zögerndem Beginn liefen Art und Form der Kritik aus dem Ruder und Mao riss nach 5 Wochen das Steuer herum. Im Mai 1957 wurde die Kritik als Bedrohung des Machtmonopols der Partei wahrgenommen. Die Bewegung wurde radikal abgebrochen. Kritiker, die sich mit ihrer Systemkritik geoutet hatten, wurden rigoros verfolgt, hingerichtet und kommen in Arbeitslager. Sie wurde von einer Kampagne gegen die Rechten übergeleitet. Hunderttausende von Intellektuellen wurden für Jahrzehnte aus ihrem Arbeitsbereich vertrieben. Zu ihrer Rehabilitierung kam es erst seit 1978.

Wolfgang hatte über diese Bewegung sicherlich nichts erfahren. Ihm wurde diese Mao-Zeit nur als Zeit des Himmels auf Erden beschrieben.


„Großer Sprung nach vorne"


Das war der Name für eine von Mao Zedong von 1958 bis 1961 laufende Kampagne, die nach dem Ende der „Hundert-Blumen-Bewegung begann. Sie bestand aus mehreren einzelnen Initiativen, die den zweiten Fünfjahrplan (1958 bis 1962) ablösen und übertreffen sollte.

Mit Hilfe dieser Kampagne sollten die 3 großen Unterschiede, Land und Stadt, Kopf und Hand und Industrie und Landwirtschaft eingeebnet, der Rückstand zu den westlichen Industrieländern aufgeholt und die Übergangsperiode zum Kommunismus deutlich verkürzt werden. Diese Kampagne begann nach dem ersten Fünfjahrplan von 1953 bis 1957. Sie sollte eigentlich bis 1963 laufen, wurde aber 1961 nach ihrem offiziellen Scheitern abgebrochen „Der große Sprung nach vorne"war die Ursache für die schwerwiegende Hungersnot, die in China von 1959 bis 1961 herrschte. Die Zahl der Opfer wird nach Dikötter auf mindestens 45 Millionen Menschen, eventuell sogar auf 55 Millionen geschätzt. Damit handelt es sich um die größte Hungersnot in der Geschichte der Menschheit.

Die Bevölkerung war von 1950 bis 1960 von 563 Millionen auf 650 Millionen gestiegen. Es gab in diesen Jahren in China zwar schwere Überschwemmungen und Dürren. Der entscheidende Grund der Hungersnot war jedoch eine wirtschaftliche Fehlsteuerung. Bedingt durch die Zwangskollektivierung der Landwirtschaft, die Zusatzbelastung der Bauern durch Arbeiten an Infrastruktur- und Industriealisierungsprojekten und einer Binnenmigration der Landbevölkerung in die Städte sanken die landwirtschaftlichen Erträge von 1959 bis 1961. Gleichzeitig wurden die vom Staat als Steuer und für den Export erwarteten Getreideabgaben stark herauf- und mit Zwangsmaßnahmen durchgesetzt. Die Hungersnot hatte sich schon früh angekündigt. Bereits im März 1958 hatten sich die Delegierten einer Parteikonferenz besorgt gezeigt. Zum „Sprung nach vorne" sollte die „Bewegung zum Eisenschmelzen" beitragen. Sie war ebenfalls eine Ursache der Hungersnot.

## „Bewegung zum Eisenschmelzen"

Zu den Bewegungen, die die Menschen zum Elan bei der Arbeit aufrufen sollten, gehörte die „Bewegung zum Eisenschmelzen." Durch die Einrichtung kleiner Hochöfen sollte die Eisenproduktion gesteigert werden. Der Gedanke, meinte Wolfgang, war zweifellos richtig, da Eisen und Stahl die Grundlage jedes industriellen Fortschritts bilden. Die neuen Hüttenkombinate reichten längst nicht aus, um den wachsenden Bedarf des Landes an Eisen und Stahl zu befriedigen. Jedes Dorf und jeder städtische Straßenblock setzten plötzlich ihren Stolz darauf, Erz zu schmelzen. Im ganzen Lande loderten Tag und Nacht die Flammen der kleinen Öfen. Sie lieferten der Volkswirtschaft einen ungeheuren Zuwachs. Dennoch war diese Methode eine Vergeudung von Arbeitskraft und Material. Erz und Kohle mussten oft über hunderte Kilometer transportiert werden. Die Qualität der Produkte ließ viel zu wünschen übrig und die Bauern hatten keine Zeit, notwendige landwirtschaftliche Arbeiten durchzuführen. Die Ernten waren mangelhaft. Die Regierung griff deswegen ein, und diese Hochöfen wurden geschlossen.

Es ist verwunderlich, dass Wolfgang nicht über die Probleme schreibt, die die Chinesen bewegten. Er hatte im Frühjahr 1959 die Chinareise begonnen. Schon damals waren Zeichen der Hungersnot erkennbar. Wahrscheinlich haben seine Touristenführer und Menschen, mit denen er gesprochen hatte, alle ihre Probleme kaschiert. Hatten sie Angst?

"Bewegung zur Ehrlichkeit"

Zur Ehrlichkeit der chinesischen Menschen schreibt Wolfgang folgendes:

„Die Ehrlichkeit geht soweit, dass sogar in einzelnen Betrieben seit einiger Zeit die Arbeiter selbst ihren Wochenlohn ausrechnen. Dabei soll es noch kein einziges Mal vorgekommen sein, dass jemand sich eine Stunde oder auch nur einen Groschen mehr anschrieb, als ihm nach seiner Leistung tatsächlich zustand. Unterschlagungen in Kantinen, Diebstähle von Lebensmitteln in Verkaufsläden oder von Handwerkszeug in den Werkstätten sind, wie man sagt, kaum noch zu verzeichnen. Fahrkartenkontrollen in Eisenbahnen und öffentlichen Verkehrsmitteln sind weitgehend abgeschafft, weil sie überflüssig sind, da es keine betrügerischen Schwarzfahrer mehr gibt."

Es ist wirklich einmalig, meint Wolfgang, was damals in China erreicht wurde.- War es wirklich so?


"Bewegung zur Schädlingsbekämpfung"

Nun sollen Sie, liebe Leser, über den stürmischen Widerhall in der Bevölkerung über die Bewegungen zur Bekämpfung der Mücken, Fliegen, Ratten, Spatzen, von denen China seit Jahrtausenden geplagt wurde, erfahren: „Das ganze Land bewaffnete sich mit Fliegenklatschen. Ob im Speisewagen, im Autobus, im Restaurant oder in der Straßenbahn. Überall kann man, sobald sich ein Insekt zeigt, beobachten, wie es gejagt und schließlich erschlagen wird. Natürlich wären diese Kampagnen kein restloser Erfolg geworden, wenn nicht die Regierung die notwendigen Chemikalien bereitgestellt und dafür gesorgt hätte, dass die Brutstätten sachgemäß vergiftet wurden. Tatsächlich sind Fliegen und bösartige Insekten in China heute kaum mehr anzutreffen. Auch Spatzen, von denen früher die Felder leergefressen wurden, sind so gut wie ausgestorben. Der Krieg gegen sie wurde mit genial einfachen Mitteln geführt. Die gesamte Bevölkerung eines bestimmten Bezirks bewaffnete sich zu festgesetzter Stunde mit Trommeln, Klappern und sonstigen Lärminstrumenten, zog in die Felder oder stieg auf die Hausdächer und vollführte einen Höllenspektakel. Die aufgescheuchten Spatzenschwärme fanden keinen Ort mehr, wo sie sich in Ruhe niederlassen konnten. Nach 4 Stunden versagten ihre Kräfte, sie fielen erschöpft zu Boden, wo sie dann zu Tausenden erschlagen wurden. Sie wanderten in die Kochtöpfe und wurden verspeist. Die Singvögel ließ man leben und sich wieder erholen."

Wir müssen gestehen, dass wir heute einiges von den Chinesen gelernt haben. Fliegenklatschen gibt es bei uns noch heute.- Aber furchtbar war die Tierquälerei.

## Wolfgangs Begegnungen mit arbeitenden Menschen

Er schrieb, was ich etwas verkürzt wiedergebe:

Wir besuchten in Wuhan, dem ehemaligen Hankau, ein mit Hilfe der Sowjetunion errichtetes großes Industrieunternehmen. Der Betrieb beschäftigte 2000 Menschen. Mit Hilfe einer Dolmetscherin hatte ich Gelegenheit, mich mit dem Betriebsleiter zu unterhalten, der ehemals bis 1949 Großbauer war. Er hatte nicht studiert, war auf die Mittelschule gegangen und wollte sein Bestes geben, um das Vertrauen der Partei zu rechtfertigen, die ihn hier eingesetzt hatte.

Wolfgang fragte ihn: „Sind Sie als ehemaliger Großbauer in die Partei aufgenommen worden?" Er wehrte ab: „So viel Ehre würde mir nicht zukommen. Ich habe mit meiner Familie während des Befreiungskampfes zu Hause gesessen und nur gelegentlich Partisanendienste geleistet. Um in die Partei aufgenommen zu werden, muss man größere Verdienste vorweisen. Ich bin nur ein einfacher chinesischer Patriot und habe, obgleich ich als Großbauer nicht so entsetzliche Not gelitten habe wie die meisten anderen, zur Partei gehalten, weil wir ohne sie niemals die Imperialisten hätten hinauswerfen können und ewig in der Misere geblieben wären. Auch mein Bruder hat das getan. Er sitzt noch auf unserem alten Hof und ist in der Volkskommune."

Wolfgang wollte noch mehr wissen: „Stehen Sie und ihr Bruder sich heute wirtschaftlich besser als früher?" Diese Frage schien ihm fast albern.

„Ich möchte sagen, wir leben alle heute doppelt oder dreimal so gut. Mein Gehalt ist sogar höher als das des Parteisekretärs. Ich verdiene 240 Juan im Monat. Soviel Geld hat vor der Befreiung die ganze Familie kaum im Vierteljahr gesehen. Doch auch mit 240 Juan im Monat kann man sich längst keinen Fernsehapparat und kein Privatauto leisten."

Diese Worte sagte ein ehemaliger Großbauer. Sein tief im Herzen verwurzelter Glaube an die glückliche sozialistische Zukunft seines Lebens gründet sich allein auf die praktischen Erfahrungen der von ihm selbst erlebten chinesischen Realität. Dieser Mann und seine Gesinnung sind in China nichts Außergewöhnliches. Dieselbe Bescheidenheit, derselbe Patriotismus und die gleiche Einsatzbereitschaft klangen ohne Ausnahme aus allen Gesprächen heraus, die Wolfgang auf seiner Reise mit chinesischen Menschen geführt hat, welcher sozialen Schicht die Betreffenden auch immer entstammten.

Wolfgang schreibt weiter: „Sicherlich gibt es unter ehemaligen Großbauern auch solche, die nicht so klar und fortschrittlich denken. Zweifellos finden sich, vor allem in den Kreisen der ehemaligen bürgerlich-kapitalistischen Unternehmer, mitunter erbitterte Feinde des heutigen Regimes, die mit Sehnsucht an ihre profitablen Geschäfte in der korrupten Kuomintang-Zeit zurückdenken und den von Taiwan oder Hongkong eingeschleusten Tschiang Kaischek-Agenten gern Asyl bieten. Zahlenmäßig aber fallen sie kaum ins Gewicht.

Die Kapitalisten, die heute noch – mit staatlicher Beteiligung – in ihren früheren Betrieben wirtschaften, beklagen sich im Allgemeinen nicht. Auch sie hatten unter dem Druck der ausländischen Finanzhyänen gelitten und fühlten sich der

Partei verpflichtet, die sie von deren übermäßigem Druck befreite; auch sie sind Patrioten und freuen sich über den nationalen und wirtschaftlichen Aufstieg ihres Landes."

An dieser Stelle müssen wir an Wolfgang zu Putlitz einige Fragen stellen. Hat er wirklich nicht von den großen Problemen erfahren, die es zu dieser Zeit in China gab? Im Jahre 1959 begann in China die große Hungersnot und im Frühjahr dieses Jahres begann seine Chinareise. Haben ihm die Chinesen mit ihrem smarten Lächeln ihre wahren Empfindungen nicht gezeigt? Hat er nicht manchmal Widersprüche zwischen Erzähltem und dem real Vorhandenem gemerkt?

Die Geschichte, die ein Wolfgang bekannter englischer Journalist über den ehemaligen letzten Kaiser von Chi na erzählte:

Als 1911 die Dynastie gestürzt wurde, befand sich der letzte Kaiser noch im Knabenalter. Er wurde persönlich geschont und lebte unbehelligt als Privatmann weiter. Als etwa 2 Jahrzehnte später die japanischen Eroberer ins Land eindrangen, packte ihn der Ehrgeiz. Von den Feinden ließ er sich zum Kaiser des von ihnen gegründeten Separatstaates in der Mandschurei einsetzen, wo er als Marionette der fremden Unterdrücker gegen sein eigenes Volk alle Herrscherfreuden auskostete. Auch 1945 wurde er nicht hingerichtet, sondern als Kriegsverbrecher und Landesverräter lediglich zu Zuchthaus verurteilt. Im Herbst 1959 ließ ihn die Volksregierung durch einen Gnadenakt wieder frei. Er arbeitet jetzt als Gärtner und lebt als Untermieter bei seiner Schwester in Peking.

Der Journalist traf den ehemaligen Kaiser, als er gerade dabei war, einen Eimer mit Kohlen in die Wohnung hinaufzutragen. Was hatte nun dieser ehemalige „Himmelssohn" und absolute Herrscher über eine halbe Milliarde Menschen dem Engländer in dieser Situation zu sagen?

Etwa wörtlich erklärte er: „Ich kann es immer noch kaum fassen, dass die Volksregierung so großmütig sein konnte, mir das Leben und sogar die Freiheit wieder zu schenken. Erst jetzt sind mir die Augen aufgegangen und ich habe begriffen, welcher Verbrecher und Schmarotzer an meinem Volk ich in meinem früheren Leben gewesen bin. Sie können mir glauben, dass ich zum ersten Mal beginne, mich als ehrlicher und moralisch sauberer Mensch zu fühlen. Ich versichere Ihnen, dass ich heute seelisch glücklicher und körperlich gesünder bin als je zu den Zeiten, da ich Tausende von Eunuchen zu meiner Bedienung und Hunderte von Leibärzten zu meiner Betreuung hatte."

Im Folgenden übernehme ich wörtlich einen Absatz aus dem Buch „Streiflichter aus China.":

„Seit Jahrtausenden haben die Massen Chinas schuften müssen, qualvoll, stumm und hoffnungslos. Nie änderte sich ihr Elend, nie wurden sie richtig satt. Zum ersten Mal erleben sie jetzt, dass Arbeit sich lohnt. Den Allerwenigsten werden die Grundbegriffe der Politökonomie bekannt sein. Doch ihre Speisekammer und Kleidertruhen haben sich in den vergangenen 10 Jahren zusehends gefüllt, und ihr Leben ist reicher geworden. Von Tag zu Tag lernen sie besser begreifen, dass organisierte Gemeinschaftsarbeit unendlich produktiver ist, als sich allein mit seiner Familie abzurackern. Auch die Volkskommunen entstanden urplötzlich, weil sie zweifellos eine zweckmäßigere Organisationsform darstellen als das bisherige Nebeneinander der einzelnen landwirtschaftlichen und industriellen Genossenschaftsbetriebe. Ein wahlloses Zusammenlegen brachte jedoch vielfach mehr Unordnung als Vorteile. Dem Selbstlauf überlassen, hätte die Bewegung manchen wirtschaftlichen Unfug angerichtet. Eine lenkende Hand von oben war unentbehrlich. Totaler Unsinn aber ist es, wenn westliche Zeitungen behaupten, die Chinesen würden mit Zwang in die Volkskommunen getrieben."

Es ist richtig, dass nach der Machtübernahme der kommunistischen Partei ein Aufatmen durch das Land ging. Die Ernährungsgrundlage hatte sich gebessert. Produktivere Wirtschaftsformen in der Industrie und Landwirtschaft entstanden mit der Gründung von Genossenschaften. Die Entstehung von Volkskommunen durch das Zusammenlegen einzelner landwirtschaftlicher und industrieller Genossenschaften war eine weitere Maßnahme, um eine einheitliche, stabilere Leitung zu bekommen.

Man hatte natürlich keine Erfahrung bei der Bildung dieser Organisationsformen. Vielleicht schauten die Chinesen damals manchmal zur Sowjetunion oder zu anderen sozialistischen Ländern, um einiges zu kopieren?

Wolfgang schreibt weiter:

„Wer heute in China die unendlichen Kolonnen menschlicher „Ameisen" an der Arbeit sieht, wird vergeblich suchen, wenn er auch nur einen Drückeberger oder ein mürrisches Gesicht finden will. Nirgends mehr droht eine Knute oder ein schimpfender Arbeiter. Dennoch schaffen die Leute, ohne auch nur eine Minute aufzusehen. Sie wissen, wofür sie arbeiten. Wer hier faul wäre, würde sich vor den Kameraden schämen. Fast unheimlich ist die Betriebsamkeit dieser wimmelnden Menschenmassen. Sie sind freundlich untereinander, man hört kein hässliches Wort und sieht keinen bösen Blick; im Gegenteil, sie lachen gern und lassen dabei ihre gesunden weißen Zähne strahlen".

Diese Beurteilungen der chinesischen Arbeiter sind sehr freundlich. Kann ein Tourist, der dreißig Tage in diesem Land war, so verallgemeinernd urteilen?

## Arbeits- Wohn- und Familienverhältnisse

Die noch sehr schweren Arbeitsverhältnisse werden an einigen Beispielen beschrieben: Mit sehr schweren Tragkörben, Hacken und anderen primitiven Geräten müssen Arbeiten verrichtet werden. Reisbauern müssen in tiefem Schlamm wühlen, Erdarbeiter quälen sich mit zentnerschweren Lasten. Mühselig ist das Treten der Wasserräder, das ständige Bücken der Tee- und Baumwollpflücker.

Beim Besuch einer Volkskommune kam Wolfgang in ein Dorf, in dem es früher dreißig Schweine und jetzt fünfhundert Schweine gab. Die Wirtschaftlichkeit des Unternehmens war noch unbefriedigend, die Tiere hatten keinen Stall, die Jauche floss meist nutzlos ab, der Dung wurde schlecht verwertet. Aber der Schweinemeister zeigte mit Stolz seine Prachtexemplare von zum Teil vier bis sechs Zentnern.

Wolfgang, als Sohn eines Gutsbesitzers war fachlich nicht ganz unbeleckt. Er machte den Schweinemeister darauf aufmerksam, dass die Schweine jetzt schon lange Zeit mehr fraßen als Fleisch anzusetzen und sie schon lange geschlachtet sein müssten. Als Wolfgang den Schweinemeister darauf aufmerksam machte, war der Schweinemeister sehr interessiert und meinte, dass Wolfgang wohl ein langjähriger Spezialist in der Schweinezucht wäre. Solche wirtschaftlichen Erwägungen wusste der Schweinemeister nicht. Unsere Landwirtschafts-lehrlinge lernen natürlich über die „Futterverwertung" der landwirtschaftlichen Nutztiere. Noch fehlt es in China in verschiedensten Bereichen an Fachkräften und speziellen Wissenschaftlern.

Die Wohnverhältnisse waren zum Teil sehr trostlos. Wolfgang besuchte mit einer Dolmetscherin ein bisher noch nicht abgerissenes Arbeiterviertel in Schanghai. In verfallenen Lehmbuden wohnen die Menschen. Eine alte Frau mit Wassereimer trippelte ihm entgegen. Sie gehörte noch zu den Frauen, deren Füße in der Kindheit eingebunden waren. Wolfgang empfand es als wahres Wunder wie die Frau es fertigbrachte, mit dem vollen Eimer in der Hand auf ihren winzigen Stelzbeinchen das Gleichgewicht zu halten. Ihre Hütte glich einem alten Hühnerstall. Nur mit einer Leiter waren die verschiedenen Etagen und Hängeböden zu erreichen, die teils als Schlafstätten, teils als Kammern für Kleiderkisten und sonstigem Hausrat dienten. Der hintere Raum enthielt als einziges Mobiliar einige Holzpritschen, einen Tisch und zwei oder drei Schemel. Er war sauber aufgeräumt. Farbige Kattundecken lagen auf den Pritschen. Bemalte Töpfe und Keramiken schmückten die Wände. Gardinen gab es nicht.

Dafür war die Fensterwand mit buntem Papierschmuck dekoriert. Am Ehrenplatz hing ein großes Foto von Mao Zedong. Im Vorderraum, ohne Licht, befand sich der Kochherd. In der Mitte der Ess- und Arbeitstisch. Das beste Stück war ein einfacher und schon etwas ramponierter Bambusstuhl. Er wurde Wolfgang als Ehrenplatz angeboten.

Oma führte die Wirtschaft und hütete das einjährige Kind, das vor der Haustür im Lehm herumstrampelte. Vater und Mutter und die älteste Tochter waren in einer Fabrik arbeiten. Für Oma bedeutete diese Hütte schon ein Heim, auf das sie stolz war. Sie konnte nicht genug vom Elend der alten Zeiten reden. In ihrer Jugend war sie an einen reichen Haushalt verkauft worden, wo sie hungerte und Prügel bekam. Danach hatte sie jahrzehntelang irgendwo auf dem Land in einem Strohschuppen gehaust. Als ihr Mann während der japanischen Besatzung auf Nimmerwiedersehen verschleppt wurde, war sie zu ihrem Sohn nach Schanghai gezogen.

Sie zeigte auf die Glühbirne an der Decke. Vor einem Jahr hatten sie Licht bekommen. Kanalisation war angelegt worden. „Es stinkt nicht mehr" sagte sie. „Aber das Allerwichtigste war, dass die ganze Familie Arbeit hatte und keiner mehr zu hungern brauchte. Wir können uns jetzt so viel Reis kaufen, wie wir brauchen. Früher war man froh, wenn man eine Handvoll zusammenbekam. „Alles das", so schloss die alte Frau, „verdanken wir dem Genossen Mao" und sie fügte hinzu: „Im nächsten Jahr will uns die Partei sogar in ein großes steinernes Haus mit Wasserleitung ziehen lassen. Von so etwas hätten wir früher nicht einmal träumen können."

Diese neuen Häuser sind nach europäischen Begriffen keineswegs luxuriös. Ein Raum muss oft vier und mehr Personen beherbergen und drei Familien müssen sich eine Küche teilen. Für Oma, die etwas ganz anderes kannte, waren diese Häuser ein Luxus.

Für die Frauen änderte sich die Stellung im Staat und der Familie rigoros. Zwar brauchten sich nach der bürgerlichen Revolution im Jahre 1911 die Frauen nicht mehr die Füße zu verkrüppeln. Aber grundsätzlich hatte sich an ihrer Stellung nichts geändert. Schon als Kinder wurden sie dem Manne verkauft. Sie waren im Wesentlichen Gebärmaschinen. Die Erotik war versachlicht und zu einem Unterwürfigkeitsverhältnis degradiert. Öffentlich gezeigte Zärtlichkeiten, wie z.B. das Küssen, waren verpönt. Eng umschlungene Pärchen oder solche, die händchenhaltend miteinander gingen, hat Wolfgang in seiner Urlaubszeit nicht gesehen. Die praktischen Belastungen des Familienlebens sind nun schon geringer geworden. Am deutlichsten zeigte sich das in den Volkskommunen, in denen es zentrale Speisehäuser, gemeinschaftliche Waschanstalten, Kindergärten, Polikliniken und ähnliche soziale Einrichtungen gibt.

Außerordentlich hatten sich die Verhältnisse für die Kinder geändert. In den kleinsten Dörfern sind Kinderkrippen und Kindergärten geschaffen worden. In den Städten sieht man die dreirädrigen Rikscha-Omnibusse durch die Straßen fahren, die die Kinder morgens einsammeln, um sie zu Krippen und Kindergärten zu bringen. Abends werden sie abgeholt und wieder nach Hause gebracht.

Auffällig war Wolfgang die erstaunliche seelische Ausgeglichenheit der Erwachsenen. Mit Selbstverständlichkeit werden unangenehme Dinge des Lebens hingenommen. Es herrscht eine Kameradschaft, die mustergültig ist. Gegenseitiges Beschimpfen kommt kaum vor. Rücksichtslosigkeit an Straßenbahn- oder Omnibushaltestellen war nicht zu bemerken.

Disziplin in den Schulen wird ganz großgeschrieben. Wolfgangs Reisegruppe erschien unangemeldet auf einem Schulhof. Die Fenster einer Klasse waren so niedrig eingebaut, dass die Schüler die „Langnasen-Reisegruppe" sahen. Der Unterricht wurde diszipliniert fortgesetzt. Aber dann kam die Pause. Alle Schüler stürzten auf den Schulhof, um diese Sensation zu erleben. Sie konnten dem weißen Mann sogar die Hand schütteln. Beim Abschied, als der Reisebus schon etwa ein halben Kilometer entfernt war, winkten sie den „Langnasen" noch nach.

Bei meiner Chinareise beobachteten wir eine Gruppe junger Menschen, die in Peking in einem Kreisverkehr fleißig Unkraut zupften und Blumen pflanzten. Als wir an ihnen vorbei gingen, lachten sie uns freundlich an und winkten. Waren sie vielleicht nur deswegen so freundlich, weil sie eine Gruppe von „Langnasen" erlebten? Der Lerneifer der Chinesen ist kaum zu übertreffen. Selbst Großmütter lernen Schriftzeichen aus den Heften ihrer Enkel. Vor 1949 konnten von den 650 Millionen Menschen neunzig Prozent weder lesen und schreiben. Man nimmt an, dass das Analphabetentum in wenigen Jahren verschwunden sein wird.

Die Stellung und das Ansehen der Kommunistischen Partei

Wir wissen, dass die Zustimmung zur kommunistischen Partei großen Schwankungen unterlag. Denken wir nur an die „Hundert-Blumen-Bewegung". Wolfgang schreibt: „Die Kommunisten Chinas sind nicht nur die Befreier des Industrieproletariats und der verelendeten Bauernmassen gewesen. Sie waren für alle Patrioten auch die Tilger der nationalen Schmach und Wiederhersteller eines unabhängigen selbstbewussten Vaterlandes. In dieser Partei verkörpert sich der Sieg einer ganzen Nation. Wer der Kommunistischen Partei Chinas angehört, gehört unumstritten zur Elite des Volkes. In Jahrzehnten heldenhafter Kämpfe haben die Genossen der Partei stets an den heißesten und gefahrvollsten Stellen gestanden. Mitglied der Partei zu sein gibt keine Privilegien. sondern nur Plackerei. Dafür aber genießen diese Männer und Frauen eine Achtung, die gerade beispiellos ist und ohne die der begeisternde Schwung gar nicht denkbar wäre, mit dem sich heute das ganze Volk für den sozialistischen Aufbau einsetzt. Ihr Lohn, ist die Verehrung, die ihnen entgegengebracht wird. Die chinesische Kommunistische Partei stellt an ihre Mitglieder sehr harte Anforderungen; wer von ihr aufgenommen wird, muss charakterlich und leistungsmäßig eine untadelige Persönlichkeit sein. Von 100 Chinesen gehören nicht einmal 2 der Partei an. Patriotismus, Kameradschaftssinn und Begeisterung für sozialistische Ideale sind in allen Volksteilen vor allem bei der Jugend anzutreffen. Ich habe mich mit vielen Studenten in den Universitäten, mit jungen Assistenzärzten an Krankenhäusern und Lehrlingen in Volkskommunen oder Industriebetrieben unterhalten. Aus meiner europäischen Mentalität heraus begann ich, sie nach ihren Zukunftsplänen zu befragen. Derart fremd ist ihnen jeder persönliche Ehrgeiz, dass sie meistens den Sinn meiner Frage kaum begriffen. Fast gleichlautend erhielt ich nur eine

Antwort: „Wir müssen lernen und uns entwickeln. Danach wird uns die Partei dort einsetzen, wo wir am nützlichsten wirken können" .Nirgends habe ich diese Verbundenheit stärker empfunden, als bei der großen Maidemonstration am 1. Mai 1959, die ich in Wuhan erlebte, der zweieinhalb Millionen-Metropole am Jangtsekiang, die das Zentrum Mittelchinas bildet.

Es wäre sehr falsch sich eine chinesische Maifeier etwa so vorzustellen, dass die gesamte Bevölkerung eines Ortes an einer Tribüne vorbeizieht. Nein, die großen Massen kommen hier in China nur als Zuschauer. Im Festzug mitzudefilieren ist eine Ehre, die nur den Besten und Tüchtigsten gebührt.

Keiner darf mit, der nicht von seinen Kameraden und Arbeitskollegen für würdig befunden wurde, an diesem Tage die Ruhmestaten und das Ansehen seines Betriebes oder seiner Organisation vor aller Öffentlichkeit zu repräsentieren.

Alle zeigen sie das, worauf sie besonders stolz sind; z.B. die Fabriken, ihre neuesten Maschinen, die Geschäfte, ihre schönsten Waren, die Volkskommunen ihre üppigsten Garben und fettesten Tiere, die Schauspieler und Artisten ihre populärsten Darbietungen.

Jeder ist festlich gekleidet. Die Mädchengruppen tragen bunte Sträuße in den Händen. In vielen Ländern habe ich großartige Paraden. prächtige Festumzüge und glanzvolle Ausstattungsrevuen gesehen. Nichts kann sich mit dieser Maidemonstration messen.

Stärker jedoch als das farbenfrohe äußere Bild, das sich vor meinen Augen abrollte, wirkte auf mich das unsichtbare Fluidum, das aus diesen vorbeidefilierenden Massen strömte und die Hunderttausende der Zuschauer zu wahren Begeisterungsströmen hinriss.

„Es lebe unser großes befreites China, es lebe unsere neue sozialistische Gemeinschaft, es lebe unsere glückliche Zukunft."

„Zwischen den Traditionen der vergangenen Jahrtausende und dem sozialistischen Heute klafft kein geistiger Riss, gähnt kein historisches Vakuum. Frühlingshaft sprießt das neue Leben aus den Wurzeln des vermorschten Alten. Nationale Form und sozialistischer Inhalt sind natürlich miteinander zu einem harmonischen Ganzen verschmolzen. Das alte Volk und die junge Partei sind in lebendiger Einheit untrennbar zusammengewachsen.

Man kann in China nicht mehr Patriot sein, ohne Kommunist zu werden. Man kann aber auch nicht Kommunist sein, ohne fest auf den Fundamenten der nationalen Geschichte und Kultur zu stehen.

Nichts, was in China geschieht, ist unter anderen Verhältnissen kopierbar. Dennoch gibt es kein Land der Erde, das von diesem China nicht auf jedem Gebiet Wichtiges und Grundsätzliches zu lernen hätte."

Dieser letzte Abschnitt ist ebenfalls wörtlich aus dem Buch „Streiflichter aus China" übernommen. Trotz großer Rückschritte nach der Machtübernahme Maos, und dann folgenden Korrekturen in verschiedensten Bereichen, ist China heute ein wirtschaftlich starkes Land geworden. Es ist in das Zeitalter der Atomtechnik eingetreten. Die Bevölkerungszahl ist weiter angestiegen. 1990 gab es in China 1,148 Milliarden Menschen und 2018 war die Bevölkerungszahl auf 1,4 Milliarden Menschen gewachsen. Das stellt die Wirtschaft des Landes immer wieder vor neue Probleme.

## Wolfgangs politische Arbeit in der DDR

Seine schriftstellerische Phase beendete er mit dem Buch „Streiflichter aus China."

Nun wollte er politisch aktiv sein, um mitzuhelfen, ein einheitliches Deutschland zu erreichen. Als am 8. Mai 1945 der 2. Weltkrieg in Europa beendet war, übernahmen die vier Siegermächte, die Sowjetunion, USA, Großbritannien und Frankreich, die Hoheitsgewalt über das Deutsche Reich. Sein Gebiet wurde in Besatzungszonen untereinander aufgeteilt. Das deutsche Volk fängt an, die furchtbaren Verbrechen zu büßen, die unter der Leitung derer, welche es zur Zeit ihrer Erfolge offen gebilligt hat und denen es blind gehorchte, begangen wurden. Auf der Konferenz von Potsdam wurde eine Übereinkunft erzielt über die politischen und wirtschaftlichen Grundsätze der gleichgeschalteten Politik der Alliierten in Bezug auf das besiegte Deutschland in der Periode der alliierten Kontrolle.[85]

## Die Politischen Verhältnisse in West- und Ostdeutschland

In den westlichen Besatzungszonen unter der Hoheitsgewalt von den USA, Großbritannien und Frankreich war der Trend erkennbar, sich nicht mit der sowjetischen Besatzungszone zusammenzuschließen. Konrad Adenauer, der spätere Bundeskanzler Westdeutschlands, lehnte ein neutrales Gesamtdeutschland ab und man schaffte es, am 29. Mai 1949 die westdeutsche Bundesrepublik zu gründen. Die Ostzone gründete schlussfolgernd die Deutsche Demokratische Republik am 7. Oktober 1949.

Ein Schreiben der Sowjetunion am 10. März 1952 an die Westmächte erregte international Aufsehen. Darin wurde vorgeschlagen, mit Deutschland einen Friedensvertrag abzuschließen. Die Wiederherstellung eines einheitlichen deutschen Staates knüpfte Stalin an die Bedingung, dass alle Alliierten Besatzungstruppen abziehen sollten und Deutschland sich zur Neutralität verpflichten solle, d.h., sich weder dem östlichen noch dem westlichen Militärbündnis anzuschließen.

Viele westdeutsche Politiker sahen in diesem Vorstoß eine Möglichkeit, die Wiedervereinigung Deutschlands zu erreichen. Ein freudiges Ereignis auch für viele DDR-Bürger. Die Sowjets wollten auf jeden Fall die Integration Deutschlands in den Westen verhindern.

Der Bundeskanzler Adenauer sah darin nur ein Störmanöver des Ostens, die Einbindung der BRD in die Allianz der Westmächte zu verhindern und lehnte Verhandlungen ab. Die Westmächte, die USA, Frankreich und Großbritannien, zweifelten an der Ernsthaftigkeit des Angebotes der Sowjetunion.

Alle politischen Maßnahmen der Bundesrepublik waren in den folgenden Jahren ein Schlag gegen die Friedenspolitik der Sowjetunion.

Im Jahre 1952 trat die BRD in die Europäische Verteidigungsgemeinschaft ein. Am 5. Mai wurde die Bundeswehr gegründet, damit verbunden war der Eintritt in die NATO. Es folgte eine Wiederbewaffnung der BRD. Man fragte sich, ob es moralisch zu verantworten sei, dass Deutschland nach der Hitlerdiktatur jemals wieder über Streitkräfte verfügen sollte. Die Militarisierung ging weiter. Am 7. Juni 1955 wurde in der BRD die Wehrverwaltung gegründet und am 12. November wurden die ersten Freiwilligen vereidigt. Bei der Gründung der Bundeswehr stammten deren Offiziere und Unteroffiziere fast ausnahmslos aus der Wehrmacht und teilweise aus der Waffen-SS Hitlers.

Nach der Ablehnung der Note der Sowjetunion durch die Westmächte erklärte Stalin die „Pazifistische Periode" für beendet und befahl den Aufbau der Streitkräfte der DDR.

Die Remilitarisierung in der DDR begann mit dem Aufbau bewaffneter und kasernierter Polizeikräfte. Damit sollten die interalliierten Vereinbarungen zur Demilitarisierung Deutschlands formell eingehalten werden. Diese Kräfte waren in der Hauptverwaltung Ausbildung zentralisiert. Sie bestanden aus Volkspolizei und Grenzschutz. Ab 1952 wurde in der DDR offiziell die kasernierte Volkspolizei aufgebaut und am 18. Januar 1956 entstand die Nationale Volksarmee (NVA). Die personelle Kontinuität des Übergangs der ehemaligen Wehrmacht in die neue Armee wurde weitgehend vermieden. Nur auf einige ehemalige Wehrmachtsangehörige wurde zurückgegriffen. Sie waren meistens aus sowjetischer Kriegsgefangenschaft gekommen und hatten sich dort in politischen Schulungen umorientiert. Auf Beschluss des Politbüros der SED vom 15. Februar 1957 wurden fast alle ehemaligen Wehrmachtsoffiziere schrittweise entlassen und pensioniert. Am 14. Mai 1955 unterzeichnete die DDR neben den anderen Mitgliedstaaten in Warschau den Warschauer Pakt, den militärischen Beistandsvertrag des Ostblocks unter der Führung der Sowjetunion.

## Das vielfältige politische Engagement des Wolfgang zu Putlitz in der DDR

Die Menschen in Deutschland wollten in Frieden in einem einheitlichen Deutschland leben. Trotz aller Maßnahmen zur Remilitarisierung in der BRD, die 1952 mit dem Eintritt in die Europäische Verteidigungsgemeinschaft und im Mai des gleichen Jahres mit der Gründung der Bundeswehr in der BRD begannen, wurden in der DDR Initiativen für ein einheitliches Deutschland ergriffen. Deswegen wurde in der DDR am 7. Januar 1954 durch Ministerratsbeschluss der DDR der „Ausschuss für Deutsche Einheit" (AfDE) gebildet. Es war eine staatliche Organisation, die alle Fragen zur Wiedervereinigung Deutschlands und dem Abschluss eines Friedensvertrages zusammenhängenden Fragen vorbereiten sollte. Sie trat für ein paktfreies, entmilitarisiertes Deutschland, gegen die Teilung des Landes und die NATO-Mitgliedschaft der Bundesrepublik ein.

## Arbeit im Ausschuss für Deutsche Einheit

Die Note der UdSSR vom März 1952 an die Westalliierten zur Lösung der Deutschlandfrage war eine Grundlage zur Schaffung des Ausschusses für Deutsche Einheit in der DDR.

Dr. Wolfgang zu Putlitz wurde am 3. September 1956 in diesem Ausschuss eingestellt.

Es gab viele Diskussionen zur Einstellung von zu Putlitz. Die Kaderabteilung im Ausschuss legte im August 1956 schriftlich ihre Bedenken zur Einstellung nieder. In einer Akte des BstU sind diese Bedenken formuliert:[86] „Da dieser aus einer Adelsfamilie stammt, Gutsbesitzer war, ebenso Offizier, Mitglied der NSDAP und dann in Westemigration gewesen ist".

Auf Grund dieser Vorbehalte hat ein Mitglied der Kaderabteilung mit dem Gen. Kegel, ZK, gesprochen. Dieser war sehr erstaunt über die Einstellung der Leute von der Kaderabteilung, und es wurde ihnen mitgeteilt, dass der Einsatz von Dr. zu Putlitz in den Ausschuss eine im ZK beschlossene Sache sei.

An diesen Begründungen ist erkennbar, dass die Ausschussmitglieder nicht die Biographie von zu Putlitz kannten.

Sie hatten keine Ahnung von seiner Widerstandstätigkeit gegen die Nazis.

Peter Florin, (1945 im Nationalkomitee Freies Deutschland, dann stellvertretender Außenminister und ständiger Vertreter der DDR bei den Vereinten Nationen in New York) sagte zu Karl Raddatz, der damals den „Ausschuss für Deutsche Einheit" leitete: „Wir schicken euch jetzt den Putlitz in den „AfDE". Seht zu, dass ihr den möglichst gut für eure Arbeit ausnützen könnt."

Die Einstellung wurde vorgenommen. Ihm wurde kein fest umrissenes Arbeitsgebiet zugewiesen. Wolfgang zu Putlitz wurde sogar noch bis 1960 in allen Abteilungen des AfDE für verschiedene Übersetzungsarbeiten aus englischen und französischen Zeitungen, Sachgebiet „Diplomaten" herangezogen, die es in der DDR nicht gab. Karl Raddatz beurteilte zu Putlitz bei seiner Arbeit als ziemlich ruhigen und zurückgezogenen Mitarbeiter.

Im AfDE merkte Wolfgang bei Gesprächen mit seinen Mitarbeitern, dass die DDR nicht der Staat war, den er sich vorgestellt hatte. Ihm war wahrscheinlich nicht bekannt, dass in einem Kollegium in der Regel ein Mitarbeiter einer Behörde war, der den Auftrag hatte, mit einer unsichtbaren besonders starken Brille in die „Denkzellen" der Kollegen zu sehen und Äußerungen, die mit der Staatsideologie nicht konform waren, dem „Kopf der Behörde", genannt „Staatssicherheit", zu melden. Im „Ausschuss für Deutsche Einheit" gab es natürlich auch solchen versteckt arbeitenden Mitarbeiter, der Wolfgang zu Putlitz unter die Lupe zu nehmen hatte.

In einem von diesen Mitarbeitern verfassten Protokoll stehen diese fast wörtlichen Äußerungen von zu Putlitz: [87]

"Wenn man sich aber auch unseren Verein im Ausschuss ansieht, dann kann man verstehen, wie der ganze Laden läuft. Heute Morgen, als es bekannt wurde, dass der erste Mensch, Juri Gagarin, in den Kosmos fliegt (12.04.1961), machte ich den Vorschlag, man sollte sofort zur sowjetischen Botschaft mit einer Grußadresse gehen. Ich wurde dabei angestiert, als hätte ich ein Verbrechen begangen. Sofort wurde ich darauf hingewiesen, man müsse erst einmal „oben" anfragen und sich die Erlaubnis holen."

Daraufhin wurde zu Putlitz von dem Parteisekretär phrasenhaft belehrt, als wäre er ein unwissendes Kind. Dem erwiderte er so:

„Ich habe doch wirklich als Antifaschist meine Arbeit gegen Hitler gemacht. Habe viel verloren dabei, und dennoch sehe ich, dass unser Weg zum Sozialismus im Prinzip richtig ist, wenn auch dabei viele Fehler gemacht werden. Eins nur müssten wir noch lernen: Mehr Meinungsfreiheit zu geben."

Am Beispiel von Karl Raddatz, der nicht nur ein Kollege von Wolfgang zu Putlitz im AfDE, sondern auch mit ihm befreundet war, möchte ich die menschenverachtende Behandlung der SED-Parteigenossen gegen einen ihrer Genossen und Mitarbeiter beschreiben: Karl Raddatz war ein politisch sehr aktiver Mann. Schon 1946 wurde er Mitglied der Sozialistischen Einheitspartei Deutschlands, wurde für „Opfer des Faschismus" (ODF)-Ausschüsse tätig, war 1947 bis 1949 ihr

Generalsekretär. Allerdings erhielt er im April 1949 eine strenge Rüge der Partei wegen seiner Tätigkeit als Generalsekretär und seiner politischen Positionen zur organisatorischen Tätigkeit für alle Antifaschisten. Er wurde daraufhin aus der VVN ausgeschlossen. In den Jahren 1952 bis 1954 lief gegen ihn ein Parteiordnungsverfahren. Allerdings wurden dann, im April 1960 auf Beschluss des ZK (Zentralkomitee) der SED alle Parteistrafen gelöscht. Im Juni 1960 wurde er mit absurden Anschuldigungen inhaftiert und aus der SED ausgeschlossen.[88]

Raddatz stand im Verdacht, seit mehreren Jahren mit westlichen Geheimdiensten und Agentenzentralen in Verbindung zu stehen und denselben unter Ausnutzung seiner verantwortungsvollen Stellung als Abteilungsleiter im Ausschuss für Deutsche Einheit fortgesetzt Informationen ausgeliefert zu haben, die im politischen, wirtschaftlichen und militärischen Interesse geheim zu halten waren. Das Oberste Gericht der DDR verurteilte Karl Raddatz wegen schwerer Spionage und Verletzung der Amtsgeheimnisse in besonders schwerem Fall zu siebeneinhalb Jahren Zuchthaus. Diese Beschuldigungen waren unwahr. Deswegen wurde im Dezember 1964 die Strafe annulliert. Ab 1965 bis zu seinem Tode war Karl Raddatz Archivar der Staatsbibliothek in Berlin. Im April 1994 erhielt er die juristische Rehabilitierung durch das Landgericht Berlin. Am 3. Oktober 1992 wurde er durch die PDS (Partei des Demokratischen Sozialismus), die Nachfolgepartei der SED (Sozialistische Einheitspartei Deutschlands), rehabilitiert und posthum in ihre Reihen aufgenommen.

Was hat dieser Mann aushalten müssen

Durch die Art der Behandlung von Karl Raddatz durch die Justiz der DDR bekam Wolfgang immer mehr Probleme mit der DDR

Dazu zwei Beispiele:

Wolfgang traf sich im Club der Kulturschaffenden in Berlin mit einem Bekannten, der auch zur Clique der Schnüffler gehörte. Sie redeten anfangs über den erfolgreichen Weltraumstart und als dieses Gespräch beendet war, meinte zu Putlitz:

„So erfreulich und imposant diese Nachricht sei, wäre er dennoch sehr traurig, dass der arme Karl Raddatz so etwas im Zuchthaus oder Gefängnis erleben müsse.[89]

Es schwirren in unserer Dienststelle so viele Gerüchte darüber, dass man gar nicht weiß, was nun die Wahrheit und was Parolen sind. Mal wurde gesagt, es sei nur noch eine Frage von Tagen, dass Raddatz frei sein wird. Es hat sich ja nun endlich herausgestellt, dass er wirklich unschuldig ist. Ich würde mich sehr freuen, denn für mich war er ein guter Freund und Helfer. Ich war immer schon davon überzeugt, dass man den Karl unrecht so behandelt.“

Obwohl Wolfgang zu Putlitz sich mit seiner Arbeit immer sehr aktiv für die DDR eingesetzt hat, dazu kommen wir später, soll  ein Gespräch, über das es ein Protokoll der Staatssicherheit gibt, Auskunft über Wolfgangs Zweifel an den Rechtsnormen der DDR geben.

Am 30.6.1961 wurde protokolliert: „Was ist nun endlich mit dem Raddatz los? Ich bin wirklich empört über die Justiz in unserer Regierung. Wie kann man einen Menschen länger als ein Jahr in Untersuchungshaft halten, ohne dass man einen Prozess beginnt. Wenn man schon in einem Jahr nicht in der Lage war, eine ernste Anklage zu erheben, kann man dieses auch nicht in 2 Jahren schaffen. Es ist möglich, dass mein Denken noch das der „alten Schule" ist. Aber ich glaube, es ist auch international so Usus, dass eine bestimmte „Rechtsnorm" eingehalten wird". [90]

Dieses Urteil von Wolfgang ist in der DDR bestimmt nicht gut angekommen.

## Wolfgang leistete aktive politische und gesellschaftliche Arbeit

Er sah den Weg der DDR zum Sozialismus immer als den richtigen Weg. Deswegen agierte er bei allen Veranstaltungen in diesem Sinne und erhielt für seine politische Arbeit auf verschiedenen Ebenen viel Anerkennung.

Im Auftrage des Kulturbundes und der „Gesellschaft zur Verbreitung wissenschaftlicher Kenntnisse" unternahm er sehr viele Vortragsreisen in verschiedene Orte der DDR. In der Regel waren es Vorträge über sein Buch „Unterwegs nach Deutschland". Besondere Begeisterung erlebte er an der TU in Dresden, als er einen zweistündigen Vortrag ohne vorbereitetes Konzept hielt. Dem Genossen B..... ist erzählt worden, dass Herr zu Putlitz einmal den ehemaligen Grundbesitz der Familie zu Putlitz in der Prignitz besuchte. Er hat sich über den Zustand desselben gefreut und sich dahin geäußert, wie wichtig es sei, dass dieses ehemalige Gut dem Volke gehört.

In einem Interview in der „Märkischen Volksstimme" im Mai 1962 sagte er: „Schon als Kind hatte mich ständig die unbehagliche Frage gequält, nach welchem Recht es eigentlich zuging, dass ich und meine Familie so viel besser leben konnten als andere Leute im Dorf."

Von einer Genossin der SED wird er so charakterisiert:

„Wolfgang ist ein Mensch, der ein sehr bescheidenes Leben führt. Er ist stets nett und freundlich zu den Menschen seiner Umgebung. Lobenswert ist, dass er aktiv im Wohnbezirksausschuss der Nationalen Front mitarbeitet und in Hausversammlungen auftritt. Zu den Staatsfeiertagen und sonstigen Anlässen flaggt er. In jeder Hinsicht ist er bestrebt, sich in die Gemeinschaft einzufügen."[91]

Die Genossin B, die diese Charakterisierung von Wolfgang gibt, erwähnte, dass den Genossen bekannt sei, dass zu Putlitz Diplomat sowohl in der Weimarer Republik als auch in der Nazizeit war. Die Genossen kennen sein Buch „Unterwegs nach Deutschland."

Wolfgang ist im Wohngebiet auf der Ebene der Nationalen Front bis zum Nationalrat sehr anerkannt. Mit Manfred von Brauchitsch und Persönlichkeiten, die sich um die nationale Arbeit verdient gemacht haben, ist er sehr wirksam geworden. Auch in der Akademie der Künste hält er Vorträge."

In den Jahren 1963 und 1964 wurden einige Institutionen, in denen Dr. zu Putlitz mitwirkte, um Beurteilungen für Auszeichnungen gebeten; dazu einige Beispiele: Der Vorsitzende der Arbeitsgemeinschaft ehemaliger Offiziere e.V. schrieb diesen Antrag auf Verleihung der Ernst Moritz-Arndt-Medaille an das Mitglied der Arbeitsgemeinschaft ehemaliger Offiziere:[92]

Dr. rer. pol. Wolfgang zu Putlitz

politischer Mitarbeiter im Nationalrat

Begründung:

„Dr. Wolfgang zu Putlitz emigrierte am 14. September 1939 von der deutschen Gesandtschaft in Den Haag nach England, weil er den Krieg des Hitlerregimes verurteilte. Damit wollte er auch seinen persönlichen Protest gegen das Hitlerregime kundtun. Die Gestapo konfiszierte darauf den persönlichen Besitz und erklärte ihn zum „Reichsfeind", wie aktenkundig nachgewiesen ist.

Als Putlitz in New York, wohin er von England emigriert war, im Jahre 1943 erfuhr, dass sich in der UdSSR ein „Nationalkomitee Freies Deutschland" gebildet hatte, suchte er begeistert von dem Zusammenschluss der Hitlergegner, den damaligen sowjetischen Generalkonsul Michael Wawilow auf und sandte durch dessen Vermittlung eine Grußadresse an das Nationalkomitee nach Moskau.

Im Jahre 1952 übersiedelte Putlitz, nachdem er zuerst Westdeutschland aufgesucht hatte, in die DDR, weil er in ihr die Verwirklichung seiner antinazistischen Einstellung sah.

Seitdem unterstützt P. die Politik der DDR in Vorträgen, in der Nationalen Front, in Klubs der Intelligenz und anderweitig und in Publikationen.

Wir halten Putlitz für würdig, ihm die Ernst-Moritz-Arndt-Medaille anlässlich des 20. Jahrestages der Gründung des „Nationalkomitees Freies Deutschland" zu übergeben."

Es gab im Februar 1964 vom Institut für Marxismus-Leninismus beim ZK der SED ein „Nein" zur Anerkennung als Verfolgter des Naziregimes. In der Aktennotiz dazu steht: „Nach Überprüfung der Angelegenheit des Dr. Wolfgang zu Putlitz sind wir nicht in der Lage, eine Anerkennung als „Verfolgter des Naziregimes" zu befürworten.[93]

Gründe:

- bis zur mit Hilfe des englischen Geheimdienstes organisierten Flucht nach England nichts mit der Arbeiterbewegung im Sinne hatte.

- aus welchen Kreisen er kommt.

- Bis Kriegsende ideologisch einzuordnen in Gruppe der Konservativen, zum Teil antifaschistischen Kräfte des 20. Juli, die eine Verbindung zur revolutionären Arbeiterbewegung scheuten.

Einer Verleihung der Ernst Moritz-Arndt-Medaille wird durch das Institut für Marxismus-Leninismus beim ZK der SED zugestimmt.

Im „Ausschuss für Deutsche Einheit" hat der Schriftsteller Ludwig Renn mit zu Putlitz zusammengearbeitet. Sie hatten später ein freundschaftliches Verhältnis. Ludwig Renn hat zu Putlitz beim Schreiben des Buches „Unterwegs nach Deutschland" manchen Hinweis gegeben. Der Titel des Buches stammt sogar von ihm.

Als er Putlitz erst wenige Jahre kannte, begegnete er ihm zuerst mit geringem Vertrauen in die Ehrlichkeit seiner Absichten. Dann begab es sich, seine Beweggründe zur Schwenkung zum Marxismus genauer kennen zu lernen. Renn meinte, „es sind bei ihm die gleichen wie bei Putlitz und das waren:

- Erkenntnis, dass die Welt des Adels abgelebt hat, aber auch die Bourgeoisie bietet keinen

    Ausweg
- Das Streben, dass sein persönliches Leben mit seinen Überzeugungen übereinstimmt.
- Eine gefühlsmäßige Bindung an den arbeitenden Menschen, der für ein besseres Leben

    kämpft."

Im Jahre 1965 wurde in der DDR das „Braunbuch", Kriegs- und Naziverbrecher in der Bundesrepublik veröffentlicht.[94] In diesem Buch hat zu Putlitz über einige dieser Verbrecher, die er besonders durch seine Tätigkeit in deutschen Botschaften in England und Holland kennen gelernt hatte, geschrieben. Wegen des großen internationalen Interesses erschien ein Jahr später die 2. Auflage. Im Jahre 2002 wurde diese Auflage neu aufgelegt. Von einem Historiker wurde das Buch als „Propaganda" bezeichnet. Man musste allerdings feststellen, dass die Irrtumsquote unter einem Prozent liegt.

Von Mai 1945 bis Dezember 1964 wurden in der sowjetischen Besatzungszone und in der DDR insgesamt 16572 Personen wegen Beteiligung an Verbrechen gegen den Frieden und die Menschlichkeit und wegen Kriegsverbrechen angeklagt. Davon wurden 12807 verurteilt (118 zum Tode, 231 zu lebenslangem Zuchthaus und 5088 zu einer höheren Freiheitsstrafe als 3 Jahre), 578 freigesprochen. Die Verfahren gegen 2187 Angeklagte wurden wegen Abwesenheit, Tod oder auf Grund des von der sowjetischen Militäradministration erlassenen Amnestiebefehls vom 18. März 1948 eingestellt, da keine höhere Freiheitsstrafe als ein Jahr zu erwarten war.[95]

Zu Putlitz gehörte in der Hitlerzeit zu den Diplomaten der Wilhelmstraße. Dort arbeitete das Auswärtige Amt mit Ribbentrop als Außenminister.[95] Entgegen der einmütigen Forderung der Völker und der Nürnberger Urteile wurden diese Diplomaten in Westdeutschland nicht zur Verantwortung gezogen. Im Gegenteil, sie wurden im Auswärtigen Amt der Bundesregierung wiederverwendet. Die DDR warnte vor der Wiederverwendung der Ribbentrop-Diplomaten im außenpolitischen Dienst der Bundesregierung. Im März 1959 legte der Ausschuss für Deutsche Einheit, in dem Wolfgang zu Putlitz seit 1956 arbeitete, Tatsachenmaterial über die faschistische Vergangenheit von über 80 führenden westdeutschen Diplomaten vor. Im September 1961 wies das Ministerium für Auswärtige Angelegenheiten der DDR in der Dokumentation „Von Ribbentrop bis Adenauer" die Wiederverwendung von über 180 Nazi-Diplomaten im Auswärtigen Dienst Bonns nach. Mit dokumentarischem Material konnte es belegt werden.

In der Deutschen Demokratischen Republik wurde nicht ein Nazidiplomat in den Dienst des Ministeriums für Auswärtige Angelegenheiten aufgenommen.[96]

Anstatt die Mitschuldigen an den Naziverbrechen aus dem Staatsdienst zu entfernen und gerecht zu bestrafen, wurden die Diplomaten Ribbentrops in entscheidende Funktionen der Bonner außenpolitischen Institutionen geschoben. Im bisher erschlossenen Archivgut (bis 1965) befinden sich Unterlagen über die Tätigkeit von mehr als 520 ehemaligen Nazidiplomaten und anderen getreuen Beamten des faschistischen Staatsapparates, die wieder führende Positionen im Bonner Auswärtigen Amt haben. In den Spitzenfunktionen sind mehr als 30 ehemalige Ribbentrop-Diplomaten oder andere führende Nazis tätig.

Im Braunbuch ist Wilhelm Melchers genannt, der, wir kennen ihn schon, es Wolfgang ablehnte, eine Pension zu beantragen. Melchers, als Vertrauensperson des Reichssicherheitshauptamtes, wirkte an der Bildung 5. Kolonnen mit und half, die militärische Besetzung und politische Kolonisierung der arabischen Staaten vorzubereiten. Melchers war einer der Initiatoren bei der Aufstellung des „Deutschen Orientkorps".

Wolfgang zu Putlitz war 1939 aus Deutschland geflohen. Er wollte sich nicht an den Verbrechen des 2. Weltkrieges, wie auch viele andere, mitschuldig machen. Von der NS-Militärjustiz ergingen gegen die Deserteure 30.000 Todesurteile, von denen 20.000 vollstreckt wurden. Gleichzeitig hatten diese Richter nach dem Krieg reibungslos Karriere gemacht. Erst 57 Jahre nach Ende des 2. Weltkrieges, also im Jahre 2002, wurden Wehrmachtsdeserteure und homosexuelle Opfer der NS-Justiz, in der Bundesrepublik Deutschland gesetzlich rehabilitiert.

# Gedanken über ein weiteres Buch

Wir haben erfahren, dass sich Wolfgang zu Putlitz mehrmals schriftstellerisch betätigt hat.

Im Jahre 1964 wurde er von einem Bekannten angesprochen, ein weiteres Buch zu schreiben. Diesen Herrn bat er, über das Projekt eines solchen Buches mit einigen politisch wirklich maßgebenden Persönlichkeiten zu sprechen. Wolfgang hatte große Bedenken gegen die Veröffentlichung eines neuen Buches. Falls sich dabei Argumente für eine Veröffentlichung ergeben, wollte er sich ihnen aber nicht verschließen. In einem ausführlichen Brief legt er seine Bedenken gegen die Veröffentlichung dar. Nachdem er sich das Gespräch mit dem Bekannten zur Veröffentlichung des Buches durch den Kopf hat gehen lassen, schreibt er in einem Brief an den Bekannten:[97]

„Es stimmt schon, dass ich in den Nazijahren für London eine ähnliche Rolle gespielt habe wie Sorge für Moskau. Vom Flottenpakt Ribbentrops 1935 bis zum Überfall auf Polen 1939 gab es wohl kein bedeutendes politisches Unternehmen des dritten Reiches, das ich den Engländern nicht im Voraus gemeldet habe, um rechtzeitig Maßnahmen zu seiner Verhinderung zu treffen. Genau weiß ich, dass ich bereits Anfang Januar 1939 (durch einen Telefonanruf meines Chauffeurs Willi Schneider vom Amsterdamer Fernsprechamt aus) dem Lord Vansittart in London den 15. März als Tag des geplanten Überfalls auf Prag vorausgesagt habe. Ähnlich war es vor des Annexion Österreichs, dem Einmarsch ins Rheinland und dutzenden anderen Anlässen. Wenn immer ich Nachricht hatte, dass irgendein bedeutender Agent von Canaris, der Gestapo oder von Ribbentrop in England mit Geheimaufträgen auftauchte, habe ich Bescheid gegeben. Ich tat es, wie Sie wissen, rein auf eigene Faust, weil ich mir sagte, dass es für mich keine andere Möglichkeit gab, dazu beizutragen, mein Vaterland vor dem unvermeidlichen Verderben zu retten, in das es durch die Hitlerpolitik hineingetrieben wurde.

Ich glaubte damals wirklich, dass die westlichen „Demokratien" es ehrlich meinten, und ich mit ihrer Hilfe das Naziregime stürzen könnte, ehe es in einer Kriegskatastrophe zum Untergang Deutschlands käme. Ich gehörte nicht, wie der Kommunist Sorge, einer organisierten Widerstandsbewegung an und war auch nicht, wie in Bonn heute behauptet wird, vom britischen Geheimdienst gekauft, angeleitet oder erpresst. Was ich tat, tat ich freiwillig und ohne irgendwelche andere Unterstützung. Meine einzige Verbindung in London war der Staatssekretär Lord Vansittart, der sich als Mittelsmann des Herrn von Ustinow bediente, und mein einziger Helfer war mein Chauffeur Willi. Wäre es nicht so gewesen, hätte die Gestapo mich bestimmt schon Jahre vor dem Krieg gefasst.

Zweifellos könnte ich aus dieser Zeit viele sensationelle und prickelnde Geschichten erzählen. Dennoch habe ich zu starke Bedenken, um mich dazu zu entschließen, und zwar aus folgenden Gründen:

- Wie ich leider erst später begriffen habe, war mein ganzes Unterfangen politisch naiv und von vornherein zur Fruchtlosigkeit bestimmt. Es hat tatsächlich niemandem genützt, kann also auch niemandem zur Belehrung dienen.

• Fast 30 Jahre sind seither verflossen. Es ist mir unmöglich, mich an die unzähligen Begebenheiten im Einzelnen zu erinnern, die damals einander geradezu jagten. Ich habe ganz bewusst nie mit schriftlichen Notizen gearbeitet. Auch Ustinow hat sich von dem, was er von mir oder Willi hörte, höchstens gelegentlich einige Stichworte auf kleine Zettel, Papierservietten oder die eigenen Manschetten aufgeschrieben. Ich bin jedoch sicher, dass hinterher bei den zuständigen Stellen in London über jede einzelne Angelegenheit Aufzeichnungen angefertigt wurden. Ohne diese Papiere lässt sich eine einigermaßen vollständige und korrekte Darstellung dieser durch Jahre laufenden Begebenheiten nicht anfertigen. Wie aber sollten wir diese Unterlagen aus London bekommen?

• Eine Veröffentlichung meiner Materialien würde die britische Vorkriegspolitik ganz eindeutig als Helfershelfer der Nazis entlarven. Keine imperialistische Regierung in England kann daran ein Interesse haben. Vor allem der Intelligence Service wird alles tun, um mich daran zu verhindern. Er verzeiht es mir schon jetzt nicht, dass ich in meinem Buch „Unterwegs nach Deutschland" einige Dinge über die Organisation seiner geheimen Rundfunkpropaganda veröffentlicht habe, die nicht entfernt so belastend sind wie diese politischen Quertreibereien der Vorkriegszeit. Soll ich mir den britischen Geheimdienst endgültig zum Todfeind machen? Ich glaube es lohnt sich nicht das zu tun, nur um ein vielleicht recht sensationelles Buch herauszubringen.

- Was würde man überhaupt damit erreichen? Der politisch gebildete Mensch bei uns durchschaut die perfide britische Vorkriegspolitik mehr oder weniger heute schon ohnedies. Der Rest würde es im großen Ganzen als eine Abenteurerstory auffassen, etwa wie nach dem ersten Weltkrieg die Geschichte von Mata Hari. Manche würden in mir ganz unberechtigterweise vielleicht einen „Helden" sehen, eine große Menge aber würde mich wohl als „Landesverräter", „Spion" oder „Deserteur" betrachten und damit nur der Bonner Hetze neue Nahrung geben."

Man muss Wolfgang zu Putlitz zustimmen, dass er 20 Jahre nach dem 2. Weltkrieg nicht noch ein Buch herausgeben wollte, das die „policy of appeasement" der britischen Regierung unter Chamberlain verurteilt hätte. Es muss betont werden, dass ein sehr großer Teil der britischen Bevölkerung diese Politik der Regierung unterstützte. Aus ihrer grausamen Erfahrung des ersten Weltkrieges wollten die Menschen nicht wieder Krieg. An anderer Stelle des Buches wurde über diese „Duldungspolitik" schon berichtet.

# Die letzten Tage des Wolfgang zu Putlitz

Inzwischen war Wolfgang Rentner geworden. Mit seinem langjährigen jungen Partner aus Groß Kreutz genoss er in Berlin das reichhaltige Kulturangebot. Er unternahm Reisen in das sozialistische Ausland. Mit seinem Auto, dem „Moskwitsch" fuhr er öfter nach Laaske. Auf einer Fahrt zurück nach Hause hatte er einen schlimmen Unfall. Er musste längere Zeit in der Charité liegen bleiben. Seine Kräfte schwanden. Hinzu kam, dass er ein starker Raucher war. Er starb am 3. September 1975 in Berlin im Alter von 76 Jahren. Sein Wunsch war es, in Groß Kreutz beerdigt zu werden. Dort war er mit der Familie seines Partners Haseloff befreundet. In Berlin hatte er keinen Bekanntenkreis, wahrscheinlich wegen seiner sexuellen Ausrichtung. Wolfgang Gans Edler Herr zu Putlitz liegt auf der Familiengrabstätte der Haseloffs in Groß Kreutz begraben.

# Dankeschön

möchte ich allen sagen, die mich bei der Herausgabe dieses Buches unterstützt haben. Mein ehemaliger Schulkamerad Georg Rieger hat z. B. das schöne Deckblatt mit dem "Putlitz-Wappen" gestaltet. Beim Finden eines Verlages zur selbständigen Herausgabe des Buches und dem Buchtextversenden dorthin hat mir meine Tochter Petra Tersch sehr, sehr geholfen, da einige Verlage, an die ich mich gewendet hatte, mit Arbeit ausgelastet waren.

Der Neffe von Wolfgang Gans zu Putlitz, Gebhard zu Putlitz, hat mir eine DVD gegeben, in der die Zusammenarbeit Wolfgangs zu Putlitz mit seinem Freund in England, Jona Ustinov, erkennbar ist. Die Erklärung der Entstehung des Namens "Gans" weiß ich durch ihn. Den Mitarbeiter der " Gedenkstätte Deutscher Widerstand" in Berlin, Herrn Herbst, habe ich mit meiner Begeisterung über die Putlitz-Biografie angesteckt, und er half mir dann bei der Findung von Unterlagen in Archiven. An die Mitarbeiter in verschiedenen Archiven, ob vom Bundesarchiv in Berlin, dem Archiv des Auswärtigen Amtes in Berlin, der Landesregierung in Schleswig Holstein (Kiel), dem Archiv in Nürnberg über den Kriegsverbrecherprozess u.a. bedanke ich mich herzlich für die Hilfe bei der Recherche über Wolfgang Gans, Edler Herr zu Putlitz.

# Quellennachweis

1. Prignitzportal, the official guide of Prignitz, PDS Hohenschönhausen (Berlin)
2. Bericht des Reisepartners K.-H. H.
3. Unterwegs nach Deutschland, Verlag der Nation, 4. Auflage, S. 363
4. Laaske, London und Haiti, Verlag der Nation, 1. Auflage, S. 5 ff.
5. Mitteilungsblatt mit Amtsblatt der Amtsverwaltung Putlitz-Berge, 28.05.1993
6. Laaske, London und Haiti, S. 6
7. Mitteilungsblatt mit Amtsblatt der Amtsverwaltung Putlitz-Berge, 28.05.1993
8. Laaske, London und Haiti, S. 195
9. Unterwegs nach Deutschland, S. 26
10. Mitteilungsblatt mit Amtsblatt der Amtsverwaltung Putlitz-Berge, 28.05.1993
11. Zöglinge der Ritterakademie zu Brandenburg mit herausragenden Leistungen im Beruf, zusammengestellt von Matthias Graf von Schulenburg, 2009
12. Unterwegs nach Deutschland, S. 10
13. Ebenda, S. 14 ff.
14. Ebenda, S. 16
15. Laaske, London und Haiti, S. 227
16. Unterwegs nach Deutschland, S. 36
17. Ebenda, S. 43
18. Ebenda, S. 44 ff.
19. Ebenda, S. 47
20. Ebenda, S. 57
21. Ebenda, S. 74
22. Ebenda, S. 75 ff.
23. Ebenda, S. 78
24. Ebenda, S. 99 ff.
25. MV Interview, 25.05.1962

26.     Unterwegs nach Deutschland, S. 94
27.     Ebenda, S. 112
28.     Ebenda, S. 116
29.     Ebenda, S. 120
30.     Das Amt und die Vergangenheit, E. Conze, N. Frei, P. Haves, M. Zimmermann
31.     Ebenda, S. 308
32.     Otto Carl Kiep, Mein Lebensweg 1886 ? 1944, S. 220, Lukas-Verlag
33.     Unterwegs nach Deutschland, S. 154, S. 161 ff.
34.     Peter Wright / Paul Greengrass, Spycatcher, S. 74 ff. Ullstein Sachbuch
35.     Unterwegs nach Deutschland, S. 172
36.     Ebenda, S. 213
37.     Ebenda, S. 230
38.     Ebenda, S. 166
39.     Ebenda, S. 185
40.     Ebenda, S. 209
41.     M15 Notiz zur aggressiven Politik von Hitler und Ribbentrop und konsequente Instruktionen für die Abwehr, S. 1 ff.
42.     Unterwegs nach Deutschland, S. 220 ff.
43.     Manuskript der Tochter des Juden Levin aus Putlitz
44.     Unterwegs nach Deutschland, S. 231
45.     Ebenda, S. 237
46.     Ebenda, S. 251
47.     Ebenda, S. 231
48.     Ebenda, S. 261 ff.
49.     Brief aus der Deutschen Gesandtschaft DEN HAAG, 18.09.1939, von Zech Burkersroda
50.     Unterwegs nach Deutschland, S. 273
51.     Jüngere Geschichte der Familie Gans zu Putlitz verfasst von Gebhard zu Putlitz
52.     Unterwegs nach Deutschland, S. 273
53.     Ebenda, S. 284
54.     Ebenda, S. 300

55.  Heike Bungert, Deutsche Emigranten im amerikanischen Kalkül, S. 257, Jg.46, Heft 2, 1998

56.  MFS-Ha IX/11, A 511/67

57.  Unterwegs nach Deutschland, S. 326 ff.

58.  Ebenda, S. 339

59.  Ebenda, S. 337 ff.

60.  Ebenda, S. 342

61.  Zeitung „Neue Zeit", Nr. 39

62.  Holsteinisches Landesarchiv, Personalakte von Herrn zu Putlitz (Abteilung 611, Nr. 2015)

63.  Ebenda

64.  Spiegel 39, 1975

65.  Unterwegs nach Deutschland, S. 352

66.  Ebenda, S. 354

67.  19. März, Militärgerichtshof Nr. IV, Fall XI

68.  19. März, MK-1-Pankratz, Militärgerichtshof Nr. IV, Fall XI

69.  Unterwegs nach Deutschland, S. 360 ff.

70.  Ebenda, S. 366 ff.

71.  Manuskript des Mithäftlings H. N. in der Gefangenschaft in Bautzen

72.  Unterwegs nach Deutschland, S. 364

73.  Das Amt und die Vergangenheit, S. 346 ff. S. 401

74.  Von Ribbentrop zu Adenauer

75.  Das Amt und die Vergangenheit, S. 548

76.  Unterwegs nach Deutschland, S. 364

77.  Erich Maria Remarque, Ein Chronist des 20. Jahrhunderts, eine Biografie in Bildern und Dokumenten, Rasch-Verlag, von Thomas Schneider, Herausg. Stadtbibliothek Osnabrück

78.  Unterwegs nach Deutschland, S. 364 ff.

79.  Ebenda, S. 367 ff.

80.  Mitteilungsblatt mit Amtsblatt der Amtsverwaltung Putlitz-Berge und der

Gemeindevertretungen, 28. Mai 1993
81. Unterwegs nach Deutschland, S. 371
82. Bericht des Partners K.-H. H.
83. Laaske, London und Haiti, S. 220 ff.
84. Streiflichter aus China, Kongress-Verlag
    Berlin-Friedrichstr. 169/170
85. Potsdamer Abkommen. III. Deutschland
86. Akte HAV2, Berlin 163 1961 (BstU 00187 ff)
87. BstU 000201, Berlin, 14.04.1961
88. Ebenda, 000015
89. Protokoll, betrifft von Putlitz, AfDE, 14.04.1961, BstU
    000201
    BstU 00252
90. Parteileitung der WPO 92, Genossin Busch, Berlin NO 55,
    Gnesenerstr. 5 (Akte-Bundesarchiv)
91. Beurteilung vom 06.06.1963 (Akte Bundesarchiv)
92. Sig. DY 30/IV 3/11 2972 (Ebenda)
93. Braunbuch, Kriegs- und Naziverbrecher in der
    Bundesrepublik,
94. S. 7, Berlin 1965
95. Ebenda, S. 246
96. Ebenda, S. 247
97. Brief an Herrn Müller von Wolfgang zu Putlitz ?
    Nachfrage Buchveröffentlichung (Bundesarchiv)